武汉大学数智教育丛书

武汉大学数智教育评价指南

王郢　主编

WUHAN UNIVERSITY PRESS
武汉大学出版社

图书在版编目（CIP）数据

武汉大学数智教育评价指南／王郢主编 . -- 武汉 ：武汉大学出版社，2024. 9（2025.1 重印）. -- 武汉大学数智教育丛书. -- ISBN 978-7-307-24645-4

Ⅰ. G649.286.31

中国国家版本馆 CIP 数据核字第 2024KP1822 号

责任编辑:李彤彤　　　责任校对:汪欣怡　　　版式设计:韩闻锦

出版发行:**武汉大学出版社**　（430072　武昌　珞珈山）

（电子邮箱：cbs22@ whu.edu.cn　网址：www.wdp. com.cn）

印刷:湖北金港彩印有限公司

开本:720×1000　1/16　印张:5.75　字数:77 千字　插页:2

版次:2024 年 9 月第 1 版　　2025 年 1 月第 2 次印刷

ISBN 978-7-307-24645-4　　定价:39. 00 元

编 委 会

主　编：王郡

副主编：陈峥　吴丹　姜昕

编　委（以姓氏拼音为序）：

陈　峥　姜　昕　李　志　梁少博　刘　明

罗春明　孟小亮　邱　超　唐　飞　王统尚

王　郡　吴　丹

前　言

我国高等教育正处在数字化转型的新赛道上，借助数字技术和智能技术促进教育评价改革，发挥评价对教育的牵引作用，是加快建设高质量教育体系、实现教育强国目标的重要保障。① 数智技术对教育评价改革的赋能主要体现在以下几方面：

使 21 世纪素养的评价成为可能。核心素养是学生在接受相应学段的教育过程中，逐步形成的适应个人终生发展和社会发展需要的必备品格与关键能力。其中既包含跨学科的综合能力，也包含非学业部分的综合素养。这些素养具有宏观性、整体性、抽象性的特征，既难以以具体方式描述，又难以简单化测量，很难用传统的笔纸测试来评价，但能通过数智技术加以呈现。② 比如，国际学生评价项目(The Programme for International Student Assessment，PISA)通过人机互动系统实现了对创造性解决问题的能力、合作解决问题的能力以及全球素养的测评。计算机自适应测验、电子档案袋、学习分析技术、数字画像、基于大数据的课堂观察、区域教育质量监测数据平台等多种评价方式对个体进行多维度、全过程、立体式的全面评价，

---

① 檀慧玲、王玥：《教育评价数字化转型的内生动力与核心议题》，载《教育研究》2023 年第 12 期，第 146~151 页。

② 檀慧玲：《新时代我国基础教育质量监测的向度转变》，载《教育研究》2018 年第 6 期，第 98~104 页。

为破"五唯"带来了新的可能。

促进教育评价理念的进步。教育评价的本质是一种价值判断活动，评价理念对于判断结果的影响甚至大于数据本身。传统的评价大多是结果性评价，以鉴定和筛选为主，并常常伴随高风险。随着数智技术的发展，过程评价、增值评价、综合评价的实践障碍有望逐步被破除，评价的目的将转向促进个体的全面而有个性的发展。

提高评价的精确度与效率。随着计算机自适应技术的发展，"因人施测"在不久的将来有望成为现实。2018 年，PISA 在阅读领域正式引入计算机化自适应测试，通过不断为被试匹配更贴近其能力的测试题目，实现对被试能力的精确估计；与传统的非适应性 PISA 测试相比，计算机化自适应测试将测量标准误差减少 10%，极大地提高了测量效度和效率。[①] 此外，借助高度个性化定制、智能推荐引擎等技术，评价结果将以交互式可视化的形式及时精准地推送给不同需求者。

优化评价的实施与管理。随着人工智能技术的不断升级，教育评价实施和管理环节的自动化与智能化程度日益提高。例如，借助以生成式预训练转换模型（Chat Generative Pre-trained Transformer，ChatGPT）为代表的生成式人工智能产品，可以实现课堂中学生学习评价测试题的自动化编写、评阅与反馈，使教师的课堂评价负担减轻。[②] 不仅如此，信息化管理对每一个工作环节都予以记录，便于追踪与溯源、监控和审核，使评价的全过程更具规范性、透明性与公正性。

数智化教育评价是武汉大学数智教育改革的重要组成部分，是撬动大

---

① 赵茜、马力、温红博：《PISA2018 阅读素养计算机化自适应测试的技术与方法探析》，载《中国考试》2020 年第 11 期，第 74~78 页。

② 朱永新、杨帆：《ChatGPT/生成式人工智能与教育创新：机遇、挑战以及未来》，载《华东师范大学学报（教育科学版）》2023 年第 7 期，第 1~14 页。

学教育改革与创新的杠杆，引导着数智化拔尖创新人才的发展方向，为教育教学改革提供指导与保障。本书涵盖数智化教育评价的理论、数智素养的评价标准、数智技术在教育评价中的应用、总体实施策略与实现路径等内容，为学校的数智化评价改革提供参考。

目 录
Contents

1. 理论篇：数智时代的教育评价 ………………………………… 001

  1.1 数智化教育评价的特征 ………………………………… 004

    1.1.1 基于多源数据的立体评价 ………………………… 004

    1.1.2 基于深度挖掘的精准评价 ………………………… 005

    1.1.3 基于算法推荐的个性化评价 ……………………… 005

    1.1.4 基于数据管理的发展性评价 ……………………… 006

  1.2 数智化教育评价的框架 ………………………………… 007

    1.2.1 人工智能的评价功能 ……………………………… 009

    1.2.2 人工智能在不同评价中的作用 …………………… 012

  1.3 数智素养的评价标准 …………………………………… 017

    1.3.1 数智素养的定义 …………………………………… 017

    1.3.2 数智素养的维度与指标 …………………………… 018

2. 设计篇：数智化教育评价体系 ⋯⋯⋯⋯⋯⋯⋯⋯⋯⋯⋯ 025

　2.1　顶层设计 ⋯⋯⋯⋯⋯⋯⋯⋯⋯⋯⋯⋯⋯⋯⋯⋯⋯ 027

　　2.1.1　总体目标 ⋯⋯⋯⋯⋯⋯⋯⋯⋯⋯⋯⋯⋯⋯⋯⋯ 027

　　2.1.2　建设思路 ⋯⋯⋯⋯⋯⋯⋯⋯⋯⋯⋯⋯⋯⋯⋯⋯ 027

　2.2　路径设计 ⋯⋯⋯⋯⋯⋯⋯⋯⋯⋯⋯⋯⋯⋯⋯⋯⋯ 029

　　2.2.1　明确评价目标，分类划分标准 ⋯⋯⋯⋯⋯⋯⋯ 029

　　2.2.2　分期分批推进，研究总结并进 ⋯⋯⋯⋯⋯⋯⋯ 029

　　2.2.3　多元主体参与，优化评价方法 ⋯⋯⋯⋯⋯⋯⋯ 031

　　2.2.4　分享评价结果，放大数据价值 ⋯⋯⋯⋯⋯⋯⋯ 031

　　2.2.5　加强组织领导，提供有力保障 ⋯⋯⋯⋯⋯⋯⋯ 032

3. 实践篇：数智化评价改革的路径 ⋯⋯⋯⋯⋯⋯⋯⋯⋯⋯ 035

　3.1　改革评价理念，更新评价文化 ⋯⋯⋯⋯⋯⋯⋯⋯ 037

　　3.1.1　以学生为主体的评价理念 ⋯⋯⋯⋯⋯⋯⋯⋯⋯ 037

3.1.2　促进教师专业发展的评价理念 …………………… 038

3.1.3　以质量为根本的评价理念 ………………………… 038

3.1.4　以数据为支撑的评价理念 ………………………… 039

3.2　改革职能部门，确保领导有力 ………………………… 041

3.3　改革课程组织，突出能力评价 ………………………… 042

3.4　改革教学评价，洞见成长规律 ………………………… 044

3.4.1　数智化教学评价的架构 …………………………… 044

3.4.2　数智化教学数据处理技术 ………………………… 045

3.4.3　数智技术支持的教学评价 ………………………… 047

3.5　改革教师评价，培养数智教师 ………………………… 050

3.5.1　智能时代教师角色的转变 ………………………… 050

3.5.2　智能教育素养的定义与维度 ……………………… 051

3.5.3　教师评价的数据与方法 …………………………… 055

3.6　改革教育管理，提供智能服务 ·· 059

3.6.1　聊天机器人在线答疑 ·· 059

3.6.2　预测招生录取与选课 ·· 060

3.6.3　智能评分与学业辅导 ·· 061

3.6.4　支持基于数据的决策 ·· 062

3.7　改革数据管理，保障数据安全 ·· 066

3.7.1　数智化教育评价的数据风险 ·· 066

3.7.2　数智化教育评价的数据管理 ·· 068

结语 ·· 075

1．理论篇：数智时代的教育评价

在经历了三次工业革命后，人类社会已进入了以大数据、人工智能等为代表的"数智"技术快速发展的数字革命时期。随着数智技术与教育的深度融合，教育评价范式由传统的数据教育评价逐步转变为数智教育评价，这一转变体现了教育评价从依赖单一小数据的经验性价值判断，向多元大数据驱动的科学性智能决策提供数据支持的过渡，有助于营造具有数据思维和科学计算的专业化生态环境，推动教育评价范式进入全新智能化阶段。[①] 在国际上，哈佛大学、杜克大学等世界一流大学都以开放的姿态拥抱人工智能，接受学生使用 AI 完成任务，并以谨慎的态度展开评价。[②] 在我国，教育评价改革迎来了"以育人为本、以服务为导向、以智能化为特征"的第五代评价。[③] 武汉大学当勇立教育改革潮头，用数智化教育评价体系改革撬动教育的发展，培养各类数智化、专业化、创新型人才，为教育强国贡献力量。因此，有必要从评价理念、理论、主体、对象、内容、标准、方法、技术、制度、文化等方面系统地建构武汉大学数智化教育评价体系。

---

① 张红艳、连雅迪：《数智教育评价范式转变动因、特征与实现路径研究》，载《黑龙江高教研究》2024 年第 1 期，第 23~30 页。

② 孙唯、王铠呈：《人工智能如何触动海外高等教育的政策与实践？AI 浪潮下的高校回应》，载《羊城晚报》2024 年 6 月 18 日。

③ 刘云生：《第五代教育评价：迭代与发展》，载《教育评价研究（社会科学文献出版社集刊）》2023 年第 1 期，第 1~21 页。

1.1　数智化教育评价的特征

在数智教育评价范式中，"数"代表大数据思维，强调在教育评价过程中以全样本数据为证据。"智"代表人工智能，在评价过程中借助深度学习算法洞察数据代表的教学信息。具体来说，是指在教学活动中的各教育利益相关者的教学行为与学习增益之间的相关关系。"教育评价"是系统地收集和解释证据，作为教育过程的一部分，导向以行动为目的的价值判断。数智时代的教育评价主要有四个新的特点①：

1.1.1　基于多源数据的立体评价

多源数据是数智化评价的一个重要特征，表现出对评价对象全过程、全时空的数据采集与跟踪，最终形成一份全景式的评价报告。在时间维度上，多源数据体现为评价者能凭借数据采集平台与设备来获取评价对象变化发展的过程性数据，如通过物联感知技术、可穿戴设备技术、传感器、视频录制技术、识别技术等获得各种状态、各个环节的海量历史数据与实时生成数据。一些行为数据可以实现伴随式采集，促成过去与现在多时空数据联结，展现评价对象的文化与发展过程。在空间维度上，多源数据一方面表现为数据采集渠道更加多样，突破场所的限制，整合线上数据与线下数据，形成多维评价空间；另一方面则是数据种类更加全面，能够展现评价对象在学业成绩、情感态度、身心健康等各个方面的表现，充分反映

---

① 伍远岳、武艺菲：《大数据时代的教育评价：特征、风险与破解之道》，载《中国考试》2023 年第 10 期，第 9～16 页。

评价对象的真实状态。

1.1.2 基于深度挖掘的精准评价

数据是教育评价的证据，但仅仅对教育数据进行简单采集、现状描述与浅层分析，并不能充分实现其内在的价值与意义。大数据所具有的大容量、高速度、多样性等特征，使得其对数据进行深度挖掘成为可能。大数据能够呈现多种模态数据之间的关联情况，深入分析评价对象成长与发展的规律，实现对评价成效的追踪与问题预警。这种对客观数据进行统计分析后得出的判断更加准确，能够有利于增强评价结论的精准度。对于教师的教学而言，对数据的深度挖掘则能利用相关关系的"发声"，捕捉学生的最新动态，构建个性化学生数字画像，为学生的学习提供及时反馈。[1]

1.1.3 基于算法推荐的个性化评价

大数据与智能化传播的本质，就是通过计算机的算法程序对各类数据信息进行搜集、整理、评估、分类和应用。[2] 智能算法的基本要义即根据用户的历史数据，运用数学算法分析用户个人偏好并进行推荐。在教育领域中，仅凭单一的分析工具难以快速挖掘数据的多维功能，而智能算法的应用则有助于推动教学管理评价等走向精准化与个性化。智能算法借助相关工具将关涉个体成长发展的评价数据以图表等更直观的形式进行输出，

---

[1]　张志华、王丽、季凯：《大数据赋能新时代教育评价转型：技术逻辑、现实困境与实现路径》，载《电化教育研究》2022 年第 5 期，第 33~39 页。

[2]　方正：《"数字规训"与"精神突围"：算法时代的主体遮蔽与价值守卫》，载《云南社会科学》2021 年第 1 期，第 150~157 页。

为评价对象提供个性化、精准化的反馈结果，帮助其了解自身的优势与不足。此外，标准化的评价忽略了学生的个性差异，导致教育评价陷入同质性的困境，难以为改善评价对象的发展状况提供实质帮助。在大数据时代，算法推荐能够呈现适用于特定群体和对象的评价内容，回应教育评价中所存在的客观差异。基于智能算法为评价对象提供差异化、个性化的评价是数智化评价的重要价值。

1.1.4　基于数据管理的发展性评价

基于大规模的追踪数据库可实现发展性评价，既反映评价对象在一段时间内的发展变化，也为评价对象提供预测性、前瞻性的建议。利用数据库能够对评价数据进行统一管理与持续追踪，系统地掌握评价对象在一定时间段内的发展与成就变化。同时，数据管理有利于对数据进行横向与纵向比较，及时了解学生学业成绩的发展情况，构建学生学习过程常量，为科学评价提供重要的数据支撑，真正实现对学生的发展性评价。[①]

对大数据进行管理不仅仅是关注过去或现在，更重要的是能够预测个体行为偏好以及成就表现等，帮助评价对象及早了解自我发展态势。在大数据管理体系的不断完善之下，对评价对象发展路线进行规划的可能性随之提升，推动着教育评价向更具前瞻性的发展性评价转变。

---

① 刘邦奇、袁婷婷、纪玉超等：《智能技术赋能教育评价：内涵、总体框架与实践路径》，载《中国电化教育》2021 年第 8 期，第 16~24 页。

1.2 数智化教育评价的框架

武汉大学数智化教育评价的对象包括学生、教师和管理人员，其目的在于为这三类人的发展提供导向、反馈和激励。其中，学生的发展包括专业素养、综合素养与数智素养；教师的发展包括教学能力和数智教育素养；管理人员的发展包括教学管理能力和数智管理素养。人工智能在评价中的具体功能主要有五种：自动评价、生成测试、提供反馈、研究在线活动和评价教育资源。[1] 这五种功能可用于四种类型的评价：总结性评价、形成性评价、自我评价与同伴评价。上述评价对象、人工智能在评价中的功能以及四种类型的评价，共同构成武汉大学智能教育评价体系的技术应用框架(见表 1)。

表 1 数智技术在教育评价中的应用框架

评价对象	评价内容	评价方式	AI 的应用
学生	专业素养评价	总结性评价	生成试题、试卷及答案，形成等级评定；给作品、学期论文评分，生成总结性评语
		形成性评价	提供即时反馈，促进自我反思；评价在线行为
		自我评价	与学生对话，促进自我反思；提供自我评价的方法指导，如使用清单和量规等；提供社会情感支持；提供评价标准；提供示例
		同伴评价	描述个体贡献，指导评价方法，提供评语范例

① Crompton，H.，& Burke，D.（2023）. Artificial Intelligence in Higher Education：the State of the Field. *International Journal of Educational Technology in Higher Education*，(20)：22. https://doi.org/10.1186/s41239-023-00392-8.

续表

评价对象	评价内容	评价方式	AI 的应用
学生	综合素养评价	总结性评价	整合各种来源的数据，形成学生智慧成长档案袋，提供学生的学习特征分析、职业方向分析、学生个体与学生总样本间的均值比较等，并提出改进建议
		自我评价	提供自我评价的方法，提供建议和情感支持
	数智素养评价	总结性评价	对学生的数智素养进行在线测试，根据一定的标准进行评级，生成评语
教师	教学能力评价	总结性评价	根据主管部门设定的标准，自动对教师进行综合评价
		形成性评价	采集课堂中师生的语音、表情、动作等数据，对师生互动的特点进行分析，为改进教师的教学内容、提高教学质量提供建议
		自我评价	对教师的职业素养进行综合分析与画像，为教师今后的专业发展提供参考；提供自我评价的方法，与教师对话，提供专业建议与情感支持
		同伴评价	提供评价标准与评价方法，对评价结果的准确性、全面性和建设性提出建议
	数智教育素养评价	总结性评价	对教师的数智素养进行在线测试，根据一定的标准进行评级，生成评语

续表

评价对象	评价内容	评价方式	AI 的应用
管理人员	教学管理能力评价	形成性评价	招生录取机器人答疑，预测学生的辍学、入学与课程报名情况，预测教师的流失情况
	数智管理素养评价	总结性评价	对管理人员的数智素养进行在线测试，根据一定的标准进行评级，生成评语

1.2.1　人工智能的评价功能

人工智能有五个主要的评价功能，分别是自动评价、生成测试、提供反馈、研究在线活动和评价教育资源。

1.2.1.1　自动评价（Automatic Assessment）

自动评价支持各种学习者并且可以减少教师评分所需的时间。[1] 自动评价适用于学生在多个领域的学习。例如，张某和徐某使用自动评价来提高在中国内地学习的维吾尔族学生的学术写作技能。在这项研究中，学生在行为、认知及情感层面均受益于自动评价系统的助力，该系统不仅促进了他们写作水平的提升，还成功激发了其自主学习的能力。[2]

---

[1] Rutner, S. M., & Scott, R. A. (2022). Use of Artificial Intelligence to Grade Student Discussion Boards: An Exploratory Study. *Information Systems Education Journal*, 20 (4): 4-18.

[2] Zhang, Z., & Xu, L. (2022). Student Engagement with Automated Feedback on Academic Writing: A Study on Uyghur Ethnic Minority Students in China. *Journal of Multilingual and Multicultural Development*, 1-14. https://doi.org/10.1080/01434632.2022.2102175.

1.2.1.2　生成测试（Generate Tests）

人工智能既可以生成单个题目也可以生成整套试题，包含问题、选项和答案。例如，Lu 等人使用了自然语言处理创建一个能自动创建测试的系统。① 在图灵类型测试(Turing type test)之后，研究人员发现，人工智能技术可以生成非常恰当的简答题。人工智能生成测试的能力可以帮助教师节省大量时间，但这些问题必须得到教师的核实，以保证其正确性及其与课堂学习目标的一致性，尤其是在对学生十分重要的总结性课程评价中。

1.2.1.3　提供反馈（Feedback）

人工智能经常被用于向学生提供反馈。作为形成性评价，教师会给学生文字或图片类的反馈。Mousavi 等为大一的生物学学生开发了一个自动化、个性化的反馈系统，能根据学生的具体人口统计学信息(包括性别、年龄、户籍等)、学习特征和学业水平提供量身定制的反馈。② 人工智能的独特功能是能够分析涉及各种不同学生的多个数据集，因此，除了给个体学生提供个性化的反馈，人工智能还能用于评价学生的小组工作并提供反馈。③

---

①　Lu，O. H. T.，Huang，A. Y. Q.，Tsai，D. C. L.，& Yang，S. J. H. (2021). Expert-authored and Machine-generated Short-answer Questions for Assessing Students Learning Performance. *Educational Technology & Society*，24(3)，159-173.

②　Mousavi，A.，Schmidt，M.，Squires，V.，& Wilson，K. (2020). Assessing the Effectiveness of Student Advice Recommender Agent (SARA): The Case of Automated Personalized Feedback. *International Journal of Artificial Intelligence in Education*，31(2): 603-621. https://doi.org/10.1007/s40593-020-00210-6.

③　Ouatik，F.，Ouatikb，F.，Fadlic，H.，Elgoraria，A.，Mohadabb，M. E. L.，& Raoufa，M. (2021). E-Learning & Decision Making System for Automated Students Assessment Using Remote Laboratory and Machine Learning. *Journal of E-Learning and Knowledge Society*，17(1): 90-100. https://doi.org/10.20368/1971-8829/1135285.

1.2.1.4 研究在线活动（Review Online Activities）

慕课等形式的线上学习留下了丰富的过程性数据，结合其他来源的数据（如线上问卷调查），可以进行学习与教学规律的研究。例如，利用深度学习技术研究学生的在线反思水平及其与学业目标、在线学习社群认同和高阶思维之间的关系。[①] 首先，通过深度学习技术训练一个分类器，自动对慕课中大量的小组共同反思的帖子进行分类，按反思水平分成 10 个类别、3 种水平；接着，用贝叶斯（Bayesian）方法分析学业目标、在线学习社群认同和共同反思之间的结构化关系。研究发现，对于基于任务的目标，任务取向目标与共同反思没有直接关系，任务取向目标通过线上学习社群认同影响共同反思。对于其他类型的目标，学生共同反思的深度主要受到他们感知到的学习社群认同的影响。这些研究结果可以引导教师改进教学方法，如通过加强线上学习社群认同，促进学生反思的深度等。

1.2.1.5 评价教育资源（Evaluate Educational Resources）

传统的电子教科书（E-textbook）和智慧教科书（AI-enriched Textbook）孰优孰劣？通过实验可以比较两种教科书对学生的认知负荷、学习收益、自主学习和教材可用性感知的影响，从而实现对教育资源的评价。智慧教科书具有电子书的典型功能，例如可以突出显示文本、放大图形和做笔记等。除此之外，智慧教科书借助自然语言处理技术和形式化知识表征，整合概念知识库和算法，使学生可以向它提问并获得答案。生成或提出问题的流程有以下三步。首先，学生在对话框中输入自己的问题；其次，学生可以

[①] Huang, C., Wu, X., Wang, X., He, T., Jiang, F., & Yu, J. (2021). Exploring the Relationships Between Achievement Goals, Community Identification and Online Collaborative Reflection. *Educational Technology & Society*, 24(3)：210-223.

点击带下划线的术语来查看其简短定义，并通过点击定义附近的"更多"按钮来获取有关该主题的更多信息(例如与该术语相关的问题)；最后，突出显示文本会产生一张便条卡，上面有与之相关的问题供学生选择。①

1.2.2　人工智能在不同评价中的作用

1.2.2.1　AI 在总结性评价中的作用

总结性评价通常在课程结束时进行，它总结了学习和教学过程，并帮助教师了解学生在整个学习过程中取得的成就。常见的总结性评价包括：等级评定、项目评分、学期论文评分、标准化测试和总结性评语。总结性评价的好处包括：帮助教师避免错误；提高教师的纠错水平；为问责涉及的各方(学生、教师与管理人员)提供可靠的数据(如等级、期中成绩等)；为教育计划(如课程设置、财政预算等)提供信息等。AI 在总结性评价中的作用包括参照一定的标准给学生评定等级，给学生的表现或论文打分，生成试题或整份试卷等。

1.2.2.2　AI 在形成性评价中的作用

绝大多数 AI 支持的评价都是形成性评价。② 形成性评价贯穿于整个学

---

① Koć-Januchta, M. M., Schönborn, K. J., Roehrig, C., Chaudhri, V. K., Tibell, L. A. E., & Heller, C. (2022). Connecting Concepts Helps Put Main Ideas Together: Cognitive Load and Usability in Learning Biology with An AI-enriched Textbook. *International Journal of Educational Technology in Higher Education*, 19(11): 11. https://doi.org/10.1186/s41239-021-00317-3.

② González-Calatayud V, Prendes-Espinosa P, Roig-Vila R. (2021) Artificial Intelligence for Student Assessment: A Systematic Review. *Applied Sciences*, 11(12): 5467. https://doi.org/10.3390/app11125467.

习过程，为学生提供即时、有意义的反馈，有助于改进学生的学习过程，提高学生的学习效果。① 具体而言，它的好处包括：提供及时的反馈；提升学生在学习过程中的表现；提高学生的自我效能感；通过激励学生，最大限度地降低学生辍学率、退课率；为教师改进教学提供信息；帮助教师设计优质的课程或教学内容。AI 在形成性评价的作用主要体现在频繁地给予学生自动化的反馈，比总结性评价更有利于学生能力的培养和自我调节的学习，在大班教学中该优势尤为明显。

1.2.2.3 AI 在自我评价中的作用

自我评价作为一种重要的学习和评价策略，可以提高学生作为独立学习者的学习质量。通过积极参与自我评价，学生可以对自己的学习过程和学习成果进行评估和反思。② 研究表明，自我评价与自主学习，自我效能感之间有正相关关系③；自我评价提高了学习动机、参与程度和学习结果。④⑤ 例如，Farhan Al 等人开发了一个生成性人工智能聊天机器人应用程序（Generative Artificial Intelligence Chatbot Application，GAIA），名为

① Z. G. Baleni. (2015). Online Formative Assessment in Higher Education：Its Pros and Cons. *Electronic Journal of E-Learning*, 13(4)：228-236.

② Z. Yan & G. T. L. Brown. (2017). A Cyclical Self-assessment Process：Towards A Model of How Students Engage in Self-assessment. *Assessment & Evaluation in Higher Education*, 42(8)：1247-1262.

③ E. Panadero, A. Jonsson, & J. Botella. (2017). Effects of Self-assessment on Self-regulated Learning and Self-efficacy：Four Meta-analyses. *Educational Research Review*, 22：74-98.

④ S. A. Nikou & A. A. Economides. (2016). The Impact of Paper-based, Computer-based and Mobile-based Self-assessment on Students' Science Motivation and Achievement. *Computers in Human Behavior*, 55：1241-1248.

⑤ Z. Yan, G. T. L. Brown, J. C. K. Lee, & X. L. Qiu. (2020). Student Self-Assessment：Why do They do it? *Educational Psychology*, 40(4)：509-532.

TeacherGAIA，并将其用于异步支持学生的自主学习与自我评价。AI 在自我评价中的作用表现在提供自我评价的方法指导，如自我评级、自我评分、自我反馈、自我评估、使用清单和量规等，以提示线索或建议的形式一步一步地指导学生自我评价，而非直接提供答案。①

1.2.2.4　AI 在同伴评价中的作用

同伴评价是学习者对其他同等地位的学习者的表现或作品的水平、价值或质量进行思考和确认的行为。② 包括同伴评审、同伴反馈和同伴打分等。③ 同伴评价常用于口头报告、作品集、文章、测试成绩、在线讨论、小测验等。同伴评价的形式有书面评语、等级评分或口头回应等。④ 回顾文献发现，线上的同伴评价比线下的更为常见。⑤ 同伴评价对评价者、被评价者和教师都有诸多益处。对于教师而言，可以减轻评分负担，扩大反馈范围；对于评价者而言，能深入思考学习内容，提高评价技能，加强责任感和自信心；⑥ 对

① Ali, F., Choy, D., Divaharan, S., Tay, H. Y., & Chen, W. (2023). Supporting Self-directed Learning and Self-assessment Using TeacherGAIA, A Generative AI Chatbot Application: Learning Approaches and Prompt Engineering. *Learning: Research and Practice*, 9(2): 135-147. https://doi.org/10.1080/23735082.2023.2258886.

② Topping, K. J. (2009). Peer Assessment. *Theory into Practice*, 48: 20-27.

③ Topping, K. (2021). Peer Assessment: Channels of Operation. *Education Sciences*, 11(3): 91. https://doi.org/10.3390/educsci11030091.

④ Topping, K. (1998). Peer Assessment Between Students in Colleges and Universities. *Review of Educational Research*, 68(3): 249-276. https://doi.org/10.2307/1170598.

⑤ B. Shen, B. Bai, & W. Xue. (2020). The Effects of Peer Assessment on Learner Autonomy: An Empirical Study in A Chinese College English Writing Class. *Studies In Educational Evaluation*, 64: 100821.

⑥ K. S. Double, J. A. McGrane, & T. N. Hopfenbeck. (2020). The Impact of Peer Assessment on Academic Performance: A Metaanalysis of Control Group Studies. *Educational Psychology Review*, 32(2): 481-509.

于被评价者而言，可以获得更直接和个性化的反馈。但同伴评价也有不足之处，比如准确性不高，小规模、一次性、非迭代等。① 为解决这些问题，可以使用 AI 支持的同伴评价使其更加可信、更具建设性。

Ali Darvishi 等借鉴反馈素养、自我调节和自然语言处理方面的相关研究，开发了一种补充性 AI 辅助同伴评价的方法，该方法包括评价技能培训、自我监控和评语文本质量控制。AI 的主要作用是控制评语文本质量，通常有三种方法：第一，通过对比前后评语的相似性，降低学生重复自己评语的可能性；第二，通过基于规则的方法判断评语中是否包含建议；第三，通过计算评语与学习内容之间的余弦相似度得分，提高评语与学习内容的相关性。② Ou Chaohua 等人开发了一个通过评分和书面评语(可修订)操作的在线、异步、形成性、非匿名、随机匹配、组内双向(个体评估)的"同伴评价系统"，该系统利用 AI 支持的自动反馈评价对学生所写的同伴评语进行打分。AI 评分使用 0-2 李克特量表（0 = 无用，1 = 中立，2 = 有用)对同伴反馈的有用性进行评分。如果 AI 给了 0 分，该生将无法获得学分。仅仅写一两句评语不足以得到 2 分，AI 会判断学生是否为同伴写出了建设性的反馈评语。③

---

① Ashenafi, M. M. (2015). Peer-assessment in Higher Education-twenty-first Century Practices, Challenges and the Way Forward. *Assessment & Evaluation in Higher Education*, 42(2): 226-251. https://doi.org/10.1080/02602938.2015.1100711.

② Darvishi, A., Khosravi, H., Sadiq, S., & Gašević, D. (2022). Incorporating AI and Learning Analytics to Build Trustworthy Peer Assessment Systems. *British Journal of Educational Technology*, 53(4): 844-875.

③ Chaohua Ou, Ploy Thajchayapong, & David Joyner. (2024). Open, Collaborative, and AI-Augmented Peer Assessment: Student Participation, Performance, and Perceptions. *In Proceedings of the Eleventh ACM Conference on Learning @ Scale (L@S '24)*. Association for Computing Machinery, New York, NY, USA, 496-500. https://doi.org/10.1145/3657604.3664705.

在数字化的学习环境中，人工智能全面赋能评价，使各种类型的评价都更加可信、有用、即时、高效；使评价的大部分内容都能得到真实且建设性的反馈；使评价的大多数对象都能在认知、社会与情感上得到支持，从而实现个体全面而有个性的发展。

1.3 数智素养的评价标准

1.3.1 数智素养的定义

所谓"素养"最初指使用书面语言表达自己和进行交流的能力。如今，素养的概念已被应用于定义各种学科中的技能集，比如数字素养（即使用计算设备所需的能力集①）、科学素养（即对科学的性质、目的和一般局限性的理解，以及对更重要的科学思想的一些理解②）等。

数智素养，亦称人工智能素养（AI 素养），是随着人工智能社会的到来，每一位公民所应具备的、与读写算一样重要的基本素养。在教育领域中，人工智能更具独特的跨学科优势，即强调学生通过自己的专业知识与智能技术来解决复杂的实际问题，促进创新、创业与创造。因此，人工智能素养是一种具备领域特定性和领域一般性双重属性的核心素养。③

目前学术界对数智素养最主流的看法是：使个人能够批判性地评估人工智能技术；能与人工智能进行有效地沟通和协作；将人工智能作为在线、

---

① David Bawden & others. 2008. Origins and Concepts of Digital Literacy. *Digital Literacies：Concepts，Policies and Practices*，30：17-32.

② Rüdiger C Laugksch. 2000. Scientific Literacy：A Conceptual Overview. *Science Education*，84，1：71-94.

③ 钟柏昌、刘晓凡、杨明欢：《何谓人工智能素养：本质、构成与评价体系》，载《华东师范大学学报（教育科学版）》2024 年第 1 期，第 71~84 页。

在家和在工作场所使用的工具的一组能力。①

与数智素养相关的概念有数字素养（Digital Literacy）、计算素养（Computational Literacy）、科学素养（Secience Literacy）和数据素养（Data Literacy）。这几个概念与数智素养的关系是：数字素养是数智素养的先决条件，因为个人需要了解如何使用计算机来理解人工智能。然而，计算素养不一定是 AI 素养的先决条件。了解如何编程可以为理解人工智能提供帮助，对于人工智能开发人员来说当然必不可少，然而，编程也可能是人工智能初学者的主要障碍。大多数人都在他们的日常生活中使用人工智能，但他们不需要知道如何编程。科学素养同样可以加深人们对人工智能的理解（尤其是理解机器学习），但不是必需的先决条件。最后，数据素养与人工智能的子领域机器学习密切相关，因此与本文中定义的数智素养有重叠之处。

1.3.2　数智素养的维度与指标

学术界对数智素养的维度划分有三维度、四维度和五维度。

大多数研究从三维目标角度构建人工智能素养框架。例如，Wong 等认为智能素养包括"AI 概念、AI 应用、AI 伦理"三个方面，其中"AI 概念"是指基本的人工智能知识与起源，"AI 应用"是指人工智能技术在现实世界中的应用，而"AI 伦理"是指人工智能应用过程中所面临的道德挑

---

① Long, D., & Magerko, B.（2020）. What is AI Literacy? Competencies and Design Considerations. *In Proceedings of the* 2020 *CHI Conference on Human Factors in Computing Systems*，1-16.

战和安全问题。① 再如，Kim 等从"AI 知识、AI 技能、AI 态度"三个维度构建了人工智能素养模型，其中"AI 知识"是指人工智能的核心概念，"AI 技能"是指学生在人工智能应用过程中所具备的计算思维能力，"AI 态度"是指学生能够批判性思考人工智能技术的社会影响并正确看待人类与人工智能的关系。② 参考欧盟的核心素养框架，艾伦从"人与工具、人与自己、人与社会"三个层面提出了人工智能课程的核心素养理论，其中"人与工具"反映了智能化社会中人类如何重塑与新工具之间的关系，"人与自己"反映了智能化社会中人类如何重建与"自我"的关系，"人与社会"则反映了智能化社会中人类如何面对新的社会关系。③

也有人提出了数智素养的四维框架理论。例如，杨鸿武等从"核心概念、技术实践、跨学科思维与伦理态度"等方面构建了 STEM 背景下的人工智能素养框架。④ 再如，中央电化教育馆从"人工智能与人类、人工智能与社会、人工智能技术、人工智能系统设计与开发"四个领域制定了人工智能技术与工程素养框架。这个框架中的人工智能系统设计与开发属于计算素养，是一种专业技能，不符合前文中所说的人工智能素养是所有公民应具备的一般素养的定义。

智能素养的五维框架理论则包括智能知识、智能能力、智能思维、智能应用和智能态度。其中，智能知识主要包括人工智能的发展历程、基本

---

① Wong, G. K. W., Ma, X., & Dillenbourg, P.（2020）. Broadening Artificial Intelligence Education in K-12: Where to Start? *ACM Inroads*, 11(1): 20-29.

② Kim, S., Jang, Y., & Kim, W.（2021）. Why and What to Teach: AI Curriculum for Elementary School. *In Proceedings of the AAAI Conference on Artificial Intelligence*, 35(17): 15569-15576.

③ 艾伦:《做智能化社会的合格公民——探讨智能化时代人工智能教育的核心素养》，载《中国现代教育装备》2018 年第 8 期，第 1~14 页。

④ 杨鸿武、张笛、郭威彤:《STEM 背景下人工智能素养框架的研究》，载《电化教育研究》2022 年第 4 期，第 26~32 页。

概念、技术体系、应用领域及社会影响等；智能能力主要包括信息能力、数据能力、编程能力、算法能力等人机协同的重要能力；智能思维主要包括人机协同思维和主动调节思维；智能应用主要包括 AI 应用与 AI 动手能力；智能态度主要包括 AI 价值观、AI 伦理与 AI 志趣。五维理论中的编程能力、算法能力和 AI 志趣也属于专业能力，不属于数智公民素养的范畴。

综上所述，数智素养指的是数智时代每一位公民所应具备的通用素养，不包括计算机专业的素养，如编程能力、算法能力等。因此，四维度和五维度的要求超出了通用素养的范畴，从认知、行为和情感/态度/伦理道德划分的三维度则更为合理。2024 年 Chien Wen Yuan 等人提出了全面人工智能素养框架(见表2)，在三维度的基础上补充了个体、人机互动和社会文化三个层次。[①]

表 2　全面人工智能素养框架

层次	维度	能力
个体	认知能力	① AI 是什么? ② AI 能做什么? ③ AI 如何运作? ④ 内容策划 ⑤ 自动化决策
人机互动	行为能力	① 人机互动 ② 使用效能
社会文化	道德能力	① 风险评估 ② AI 使用伦理

① Yuan, C. W., Tsai, H. Y. S., & Chen, Y. T. (2024). Charting Competence: A Holistic Scale for Measuring Proficiency in Artificial Intelligence Literacy. *Journal of Educational Computing Research*, 13(2): 17-21.

1.3.2.1　数智素养的认知指标

认知维度主要考察对 AI 相关概念、法则、特征等理论知识的理解程度。掌握这些理论知识，是后续学习使用 AI 的基础。数智素养的认知指标，如表 3 所示。

表 3　数智素养的认知指标

一级指标	二级指标	三级指标
对 AI 的认知能力	了解 AI 的概念与原理	知道 AI 的概念
		分辨广义与狭义的 AI
		能区分使用和未使用 AI 的技术
		了解机器学习的步骤，包括数据收集与处理，模型选择，训练、测试与预测等
		能够批判性地解释数据，了解数据处理如何影响机器学习的输出结果
	理解 AI 的特征	认识 AI 技术的基本种类，包括机器学习、机器人和跨认知系统等
		能够判断不同 AI 应用的优势与不足，扬长避短，取各家之所长
		了解什么是传感器，认识计算机使用传感器感知世界，识别各种设备上的传感器，并认识不同的传感器支持不同类型的表征和推理
	善于使用 AI 的功能	知道算法如何为每个用户提供量身定制的内容
		知道算法会优先推送某些内容
		使用 AI 进行内容策划，包括生成方案、写作、批改、评价等
		使用 AI 进行自动决策或辅助决策

1.3.2.2　数智素养的行为指标

数智素养的行为指标包括"与 AI 互动的能力"一个一级指标以及"人机互动""使用效能"两个二级指标，如表 4 所示。人机互动能力指个体批判性地评估人工智能技术、与人工智能有效沟通和协作以及在各种环境中有效利用人工智能的能力。使用效能是指个体在与人工智能交互时的效能感，包括确信自己能有效解决和驾驭人工智能的缺陷（如偏见或异常），确保负责任且知情地使用人工智能技术。

表 4　数智素养的行为指标

一级指标	二级指标	三级指标
与 AI 互动 的能力	知道如何人 机互动	能向 AI 发出具体的、清晰的、单一的要求
		当 AI 给出的答案不尽如人意时，懂得补充信息供 AI 作出更准确的判断
		不断地修正、调整自己对 AI 的提问，引导 AI 作出更 深入地分析
		懂得 AI 的局限，能够撷取 AI 最具价值的结论
	具备较高的 使用效能	有信心在使用 AI 时保护个人数据的安全
		在使用 AI 遇到意外问题时，有信心解决问题

1.3.2.3　数智素养的道德指标

在人工智能领域，由于数据处理和模型训练的原因，其结论常自带偏见，使用者必须具备评价技术风险的能力。这种能力对于人们理解人工智能的社会影响至关重要。人们对人工智能的偏见不仅来自于技术本身，还源于文化环境和社会背景。了解与人工智能使用相关的伦理危机和潜在威胁，有助于培养用户的责任感和道德意识。数智素养的道德指标，如表5所示。

表5　数智素养的道德指标

一级指标	二级指标	三级指标
确保 AI 的使用符合社会规范	风险评估能力	知道算法推荐可能会受到人们的偏见和刻板印象的影响
		知道算法推荐内容的方式并不总是透明的
	伦理审视能力	意识到在使用人工智能时，系统的运作可能会与用户的意图不一致
		知道在使用人工智能时，算法可能会忽视或缺乏人类价值观
		知道向基于人工智能的公司共享个人信息可能存在风险

2．设计篇：数智化教育评价体系

2.1 顶层设计

2.1.1 总体目标

依照中共中央、国务院发布的《深化新时代教育改革总体方案》和教育部发布的《高等学校人工智能创新行动计划》，参考《武汉大学数智教育白皮书(数智人才培养篇)》《武汉大学数智教育支撑体系建设指南》《武汉大学数智教育实践创新平台学生使用指南》，借鉴国内外先进经验，武汉大学制订了数智化教育评价体系建设的总体目标：

通过两到三年的努力，学生、教师和管理人员的数智素养和创新能力显著提升，各层次各专业的育人目标和评价标准更加符合数智时代的需求，大学和学院的数智化评价平台初步建成，数智化学习资源开发与数智化教学改革的评价制度化、常态化。到 2027 年，基本形成富有时代特征、彰显武汉大学特色、体现世界一流大学水平的数智化教育评价体系。

2.1.2 建设思路

武汉大学数智化教育评价体系的建设思路是：

以评促教，双系并改；课堂为主，课程为辅；全员培养，对标一流。

"以评促教，双系并改"指以评价改革推动整个武汉大学的教育改革，使评价体系与教育体系同步改革。

"课堂为主，课程为辅"指以数智化课堂教学改革为主阵地，将人工智能技术应用于线上、线下与混合式课堂的教学评价，使教学发生深刻的变革，以提升学生的数智素养和创新能力。与此同时，改革部分课程的组织结构，打破传统的、以知识为中心组织课程内容的方式，转换为以能力、以使命感为中心设计交叉学科课程，使用数智技术对学生的综合能力进行评价和画像，使培养单位、用人单位和学生自己能够清晰地了解自身的优势与特点。

"全员培养，对标一流"指的是培养数智学生、数智教师和数智管理人员三类人才，按世界一流大学的标准对其进行培养与评价，使武汉大学全体人员的数智素养得到提升。

2.2 路径设计

建设武汉大学数智化教育评价体系，是一个涉及多层次、多方面、多阶段的系统工程，其总体实施策略如下：

2.2.1 明确评价目标，分类划分标准

明确数智化教育评价目标在于立德树人，促进学生全面发展，提升教学质量，推动教育创新，服务国家战略需求。

在培养数智学生的同时，也培养数智教师与数智管理人员，并为三类数智人才制定不同的数智素养评价标准。对于学生，除了传统的学业成绩，还应将学生的创新能力、实践能力、团队协作能力、数智素养等纳入评价体系，整合为"数智素养+专业素养"，并形成相应的标准。教师的数智教育素养和学生有所不同，不仅要体现通用的数智素养，更重要的是要具备使用数智技术进行教育工作的专业素养，属于"人工智能+教育素养"的复合体。管理人员的数智管理素养是"人工智能+管理素养"的复合体，包括使用数智技术进行数据分析、战略规划、团队领导、风险管控等能力。

2.2.2 分期分批推进，研究总结并进

将数智化评价体系的建设分为四个阶段：

第一阶段：规划准备期。

规划准备期主要是从认识上、理论上、组织上和技术上做好评价改革的准备。包括：

需求分析：明确数智化教育评价的背景、目标和需求，包括国内外评价改革的动向、高等教育教学现状、师生发展需求等。

理论研究：深入研究数智化教育评价的相关理论、方法和案例，为体系建设提供理论支撑。

方案设计：根据需求分析和理论研究，设计数智化教育评价体系的总体方案，包括评价目标、评价原则、评价内容、评价方法、评价指标等。各院系在总体方案的指导下制定本单位的数智化评价改革实施方案。

基础建设：包括数据平台建设、指标体系建设、技术选型与测试。建立或升级现有的教育信息化平台，确保能够收集到全面、准确、及时的教育教学数据。根据评价目标，构建科学合理的评价指标体系，包括学生数智素养指标、教师数智教育素养指标、管理人员数智管理素养指标等。选择适合的技术工具和算法，对评价指标体系进行技术实现和测试，确保评价体系的稳定性和准确性。

第二阶段：试点探索期。

从四个校区选拔试点单位，覆盖自然科学、空天信息、健康医疗、工业生产、金融商务、城乡政务、法务舆情、人文社会八大领域。鼓励试点单位根据自身情况探索多元化的评价改革模式，并及时总结、反思、分享经验，为全校其他单位"探路""照明"。

第三阶段：自主优化期。

各院系学习试点单位的经验，参与数智化评价的培训，提高认知水平与操作能力。成立领导小组，结合自身情况自主设计本单位的评价改革方案。收集反馈意见，边实践边完善，对方案进行调试和优化。

第四阶段：总结成果期。

对全校各院系的评价改革经验进行摸底和梳理，总结出几种典型模式，在此基础上提炼出武汉大学数智化教育评价改革的总体特征与经验，及时产出一批教改成果，包括武汉大学数智化评价体系改革报告、武汉大学数智化教育评价论文集、武汉大学数智化评价改革案例集与系列新闻报道集等。

2.2.3 多元主体参与，优化评价方法

多主体参与评价：鼓励学生、教师、同行专家、企业等多方主体参与评价，形成多元评价主体共同参与的评价机制。

优化评价方法：采用定量评价与定性评价相结合的方式，运用大数据、人工智能等技术手段，采取总结性评价、形成性评价、自我评价和同伴评价等方法，对学生的学习全过程进行全方位地持续跟踪和精准评价。

建立覆盖教学全过程的数据采集系统，对学生的学习行为数据、教师的教学行为数据、教学资源的使用数据进行整合，从而为评价对象提供全面的画像和特征分析。运用大数据、人工智能等智能分析技术对收集到的数据进行深度挖掘和分析，发现教学过程中的问题和规律，指导教师改进教学，提高教学效率。将分析结果及时反馈给教师和学生，帮助他们了解自身优势和不足，制定个性化的改进计划。

2.2.4 分享评价结果，放大数据价值

将评价结果公开给相关人员进行研究，作为改进教育教学工作的依据，

并制定相应的改进计划，实现评价结果的价值最大化。

变革教学方式。基于评价结果调整教学计划和教学策略，提高教师的创新意识，促进教师的实践反思，加强教学的针对性、启发性和有效性，增强课堂对学生的吸引力。

支持学生发展。综合学生的各种数据为学生提供个性化的报告，描绘出他们学习过程的特点，分析他们的优势与不足，为学生提供个性化的学习建议和职业发展规划，帮助他们更好地实现个人价值。

促进教育创新。根据数据分析得出的教学规律，鼓励教师和教改共同体进行教学创新、课程改革和综合实践活动的优化，推动武汉大学的教育教学迈向数智时代。

2.2.5　加强组织领导，提供有力保障

评价改革牵一发而动全身，会触及教育者长期形成的思维定式，打破他们的舒适区。因此，强有力的保障措施必不可少。

加强组织领导：成立专门的数智化教育评价领导小组和工作小组，负责评价体系的规划、实施和监督。

完善制度保障：制定并完善相关规章制度和政策措施，为评价体系的实施提供有力保障。

加强师资培训：对教师进行数智化教育评价理念和技术的培训，提升他们的评价能力和水平。

注重信息安全：加强评价数据的安全管理和保护，防止数据泄露和滥用。

综上所述，建设武汉大学数智化教育评价体系需要从明确评价目标

与原则、构建多元化评价体系、加强评价数据的收集与分析、推动评价结果与应用的深度融合以及强化评价体系的保障措施等多个方面入手。通过这些措施的实施，推动武汉大学教育评价体系的数智化转型和创新发展。

3. 实践篇：数智化评价改革的路径

3.1 改革评价理念， 更新评价文化

教育评价是以教育目标为依据对教育活动的过程和结果进行价值判定的实践活动，评价的起点取决于开展教育活动的理念与价值观。[①] 教育数字化的推进，使得教育从一刀切的标准化模式向因材施教的个性化教学转型成为可能，从而实现个人发展与社会需求的有机统一。这不仅是对传统教育理念的提升，更是终身学习和大教育理念的具体落实。因此，转变评价理念已成为高校数智化评价改革的首要任务。

3.1.1 以学生为主体的评价理念

在数智化教育体系中，学生的主体地位更加突出。从学习者的视角来看，传统的学习是教师单向传递知识的有限时空过程，教师掌握着学习与评价的权力，评价方法通常采用常模参照测验，甄别和衡量个体在群体中的相对位置来判断学习者的学习情况。传统的评价往往侧重于教师的主观判断和学生的考试成绩，忽视了学生在学习过程中的个性化需求和成长路径。

在数智时代，教师传递知识的作用进一步被人工智能削弱，教室的有限时空被打破，学习范式向分布式学习转变，强调跨场景、空间、媒体的正式学习与非正式学习无缝衔接的交互发展。以学生为中心的评价理念强调学生的个性化发展和全面素质的提升。人工智能驱动下的教育评价将助

[①] 李爽、林君芬：《"互联网 + 教学"：教学范式的结构化变革》，载《中国电化教育》2018 年第 10 期，第 31~39 页。

推评价结果范围拓展至"一切的教育和教育的一切。"①通过大数据技术和人工智能，教师能够实时分析学生的学习行为、情感反应以及知识掌握情况，从而为每一位学生制定个性化的学习方案。这一理念的核心在于不仅评估学生的学习成果，更是对学生成长过程的全程跟踪与支持。通过多模态数据分析，教师可以全面了解学生的学习轨迹，及时发现问题并给予针对性的指导，从而实现个性化教育的目标。这种评价方式不仅能够提升学生的学习效果，还能激发学生的学习兴趣，培养他们的自主学习能力。

3.1.2　促进教师专业发展的评价理念

在数智化评价体系中，教师不再只是知识的传授者，而是学习的引导者和教育质量的保障者。这要求评价体系不仅要对教师的教学效果进行评估，还应关注教师的专业发展和教学创新能力。通过数智技术，教师的教学行为、课堂管理、课程设计等各个方面都可以被详细记录和分析。这些数据不仅为教师的自我反思提供了依据，也为学校制定教师培训计划、提升教学质量提供了科学支持。评价体系应当激励教师不断创新教学方法、提升教学效果，同时为他们的职业发展提供明确的方向和支持。

3.1.3　以质量为根本的评价理念

质量是教育的生命线。高质量的教育管理需要形成一个管理闭环，即计划（Plan）—执行（Do）—检核（Check）—改进（Act）。这一管理闭环在数智化评价体系中尤为重要，通过实时数据监控和反馈机制，确保教学活动始

---

① 刘尧：《教育困境是教育评价惹的祸吗》，学苑出版社 2017 年版，第 353 页。

终以提高教育质量为核心目标。以质量为根本的评价理念，要求评价体系贯穿于教育过程的每一个环节。无论是课程设计、教学实施，还是学生评价，都必须紧紧围绕教育质量这一核心。通过智能化的评价工具，教师和管理者能够及时发现教学中的问题，迅速作出调整，从而不断提升教育的整体质量。这种质量文化的形成，有助于推动教育的可持续发展，确保学校在激烈的教育竞争中立于不败之地。[1]

3.1.4 以数据为支撑的评价理念

以数据赋能教育评价改革，是教育数字化的基本方向。[2] 例如，以数据驱动分析为例，数智融合的特征是大数据与人工智能等技术深度融合，数据驱动也进入了可独立运行的智能化高速发展阶段。[3] 人工智能技术的广泛应用，使得教育评价的精准度和及时性得到了极大提升。以数据为支撑的评价理念，要求充分利用大数据技术，通过对海量教育数据的收集和分析，全面掌握教学活动的各个方面。大数据之"大"，不在于其容量的巨大，而在于其潜在地全面分析数据的"大价值"。[4] 从知识图谱的构建到大语言模型的应用，再到智慧课堂的实施，每一个环节的数据都为教学评价提供了强有力的支持。数据不仅提升了评价的客观性，也为教育者提供了

---

[1] 刘静、徐学、蔺跟荣：《现代信息技术赋能高校教师评价改革的实施路径探析》，载《黑龙江高教研究》2024 年第 9 期，第 6~7 页。

[2] 祝智庭、胡姣：《教育数字化转型的实践逻辑与发展机遇》，载《电化教育研究》2022 年第 1 期，第 5~15 页。

[3] 郑思思、陈卫东、徐铷忆等：《数智融合：数据驱动下教与学的演进与未来趋向——兼论图形化数据智能赋能教育的新形态》，载《远程教育杂志》2020 年第 4 期，第 27~37 页。

[4] 刘静：《现代信息技术赋能高校教师评价改革的实施路径探析》，载《科技进步与对策》2024 年第 1 期，第 88~93 页。

深入分析教学过程、优化教学策略的科学依据。

　　相关部门与院系可通过宣传、教育和管理手段，向全校师生传递数智时代的评价理念。在"摆脱学风浮夸浮躁和急功近利等问题"的价值导向下，强化评价对高素质创新人才的促进作用。在数智技术的赋能下，实现人人自我评价，时时可以评价，师生共享评价的新局面。①

　　① 《教育部 科技部印发〈关于规范高等学校 SCI 论文相关指标使用 树立正确评价导向的若干意见〉的通知》，载教育部官网：http://www.moe.gov.cn/srcsite/A16/moe_784/202002/t2020022 3_423334.html，最后访问日期：2024 年 5 月 20 日。

3.2 改革职能部门， 确保领导有力

相关职能部门应高度重视，做到高规格部署、高起点谋划、高要求落实，成立领导小组，将武汉大学数智化教育评价体系建设纳入 2025 年工作重点，将推进数智化教育评价改革作为对相关单位绩效考核的共性指标。

制定促进教育评价数智化的相关政策与制度，从思想上、方向上引领院系及其他人才培养单位进行教育评价改革。选择改革试点单位，扶持、督促试点单位探索数智化教育评价改革之路，从策略上、路径上带领各人才培养单位探索数智化教育评价改革之路。

制定工作清单，确保责任明晰。领导小组及时研究并下发各部门贯彻落实教育评价数智化工作安排和部门重点举措清单，明确各相关部门的工作责任分工。

拟制实施方案，注重突出武大特色。例如，在改革学生评价中，将数智素养纳入"三创"复合型人才的标准；在改革教学评价中，要求教师在教学中使用数智技术，释放学生的创新创造能力，实现教学与学科前沿的同步；在改革教师评价中，把数智化教学创新能力作为加分项，纳入年终的绩效考核。

3.3　改革课程组织，　突出能力评价

　　传统的课程以知识为中心组织章节，评价时以考核知识的记忆和掌握为目的。其优点是基础牢固、体系清晰；缺点是脱离情境、缺少应用，难以满足数智时代对复合型、创新型人才的培养要求。结构决定功能，要深刻改变师生教与学的方式，就要对课程结构进行调整。可参考《斯坦福大学2025计划》中提出的"轴翻转"的理念，将"先知识后能力"反转为"先能力后知识"，改变传统大学按照知识来划分院系的方法，按照学生的不同能力划分轴心课程，评价时以考核能力为目的。例如，商学院推出十个建立在本科生能力之上的教学中心，并分别任命中心负责人来负责开发交叉学科的课程。这十个中心考核的能力包括科学分析、定量推理、社会调查、道德推理、审美解读、沟通有效性等。与此相应，学生评价不应是一张只有绩点的回顾性成绩单，而是对学生能力的动态分析与优势呈现。学院可借助学习分析技术帮助建立学习模型，收集学生学习的过程性数据，提供可视化的"学习体检表"，全面展现学生的知识结构、能力表现、内在潜能等方面的数据，并对可能出现的学习困难进行预警和诊断，帮助教师准确把握学生的学习进展和认知特征，为学生提供最优化学习方案。这样不仅有利于学生进行自我反思与调节，实现育人目标，更有利于精准地筛选出与用人单位相匹配的人才。

　　除了以能力为中心组织课程，还应尝试以使命感为中心组织课程。武汉大学要培养具有使命感的社会主义事业建设者与接班人，从思政教育的角度，围绕实现"中国梦"和构建"人类命运共同体"，以人类社会面对的共同问题为核心建设领导力实验室，组织学生进行全球范围内的社会实践与

研究性学习，引导学生应用人工智能解决问题、创造未来。对学生社会实践的评价不限于总结性评语与教师给定等级，可以利用跨媒体智能技术开展模拟仿真、教学游戏、虚拟任务场景、协作学习环境等新型评价方式，重点考查学生解决实际问题的能力。引导行业企业、专业机构、社会组织等利益相关方共同参与教育评价，推动评价内容与评价方式的整体转型，培养具有社会责任感、历史使命感的红色数智人才。

3.4 改革教学评价， 洞见成长规律

3.4.1 数智化教学评价的架构

课堂教学评价是多元主体协作下进行价值判断的过程，是采集多方面信息发现价值的过程，是精准采集信息为教学改进提供决策的过程，是发挥其反馈功能展现价值的过程。当前传统的课堂教学评价表现为内部与外部的多元评价、过程与表现的评估判断、专家与同行的现场观察、鉴定与甄别的功能导向，而在人工智能技术的驱动下，将推动课堂教学评价在评价主体、内容、方式、结果等方面的变革，如图1所示。①

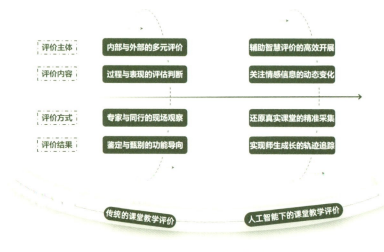

图 1 课堂教学评价对比

---

① 吴立宝、曹雅楠、曹一鸣：《人工智能赋能课堂教学评价改革与技术实现的框架构建》，载《中国电化教育》2021 年第 5 期，第 94~101 页。

数智化教学评价系统依托于人工智能所具备的数据挖掘、高速计算、自动分析等功能，帮助评价工作的高效开展，记录情感信息的动态变化，实现真实课堂的精准采集，追踪师生的成长轨迹，揭示师生的变化规律。

数智化教学评价的系统架构包括对象层、数据层、技术层和应用层，如图 2 所示。①

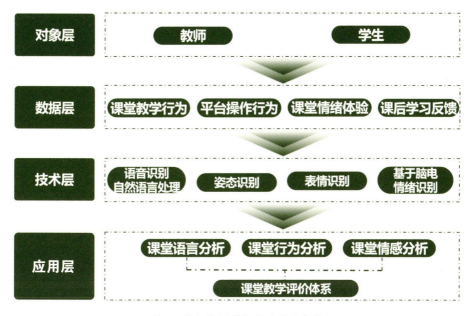

图 2　数智化教学评价的系统架构

3.4.2　数智化教学数据处理技术

数智化教学评价系统中的技术层，主要有四种数据处理技术。

___

①　吴立宝、曹雅楠、曹一鸣：《人工智能赋能课堂教学评价改革与技术实现的框架构建》，载《中国电化教育》2021 年第 5 期，第 94～101 页。

3.4.2.1 基于声音数据的处理

声音是传递内容、表达意图与情感的介质。针对声音数据的处理，一方面可利用语音识别技术获取人类的语音信号，将其转化为相应的文本并开展进一步的自然语言处理任务。通过对情感词及关键词等的识别与标注，可进行语言文本分类，以分析课堂师生言语结构及情感信息。另一方面声音信号的语音语调可以反映发言人的情感状态，例如伊恩穆雷（Iain R. Murray）等从语速、平均基频、基频范围、强度、音质、基频变化、清晰度等角度，针对愤怒、高兴、悲伤、恐惧、厌恶五种情绪进行了声学参数特征划分。[1]

3.4.2.2 基于姿态数据的处理

人体姿态识别是通过对手势、动作、姿态等进行识别以反映人体状态或意图的技术，通过对人体结构的建模、定点与分割，剖析姿态动作中所传递的情感导向。例如刘新运等设计算法对学生起立发言、注视前方、阅读、书写、交谈、身体转向背后、使用手机、趴在桌面等课堂行为进行检测，获得了较好的识别结果。[2]

3.4.2.3 基于面部数据的处理

表情是在表达与交流过程中所流露出的情感的外在表现。面部表情识别是通过对人脸面部表情的捕捉与分析，使机器能够识别出人的表情所透

---

① Murray, I. R., & Arnott, J. L. （1993）. Toward the Simulation of Emotion in Synthetic Speech：A Review of the Literature on Human Vocal Emotion. *The Journal of the Acoustical Society of America*，93（2）：1097-1108.
② 刘新运、叶时平：《改进的多目标回归学生课堂行为检测方法》，载《计算机工程与设计》2020 年第 9 期，第 2684~2689 页。

露出来的信号与意图。这种面部表情常常是学生对教师教学的真实反应，据此可以判断师生互动的效果、学生的学习情绪等。

3.4.2.4　基于生理信号的处理

生理信号主要包括脑电、心电、机电、皮肤温度等。通过对生理信号的采集与分析，能够捕捉更为细微的情绪变化。在更为专业化的智慧教室环境中，可提供更精准的课堂教学情绪表现的分析结果。其中通过脑电特征识别学生的情感信息具有易操作、效果好的优势，可从时域、频域、时频域、空间域四个维度对脑电信号特征进行分析，开展情绪归类。①

3.4.3　数智技术支持的教学评价

3.4.3.1　语言互动分析

语言是课堂教学中的主要交流媒介。分析课堂语言有助于了解师生的互动情况，反映教师语言是否具有启发性，观测学生发言是否得到教师回应。教师采用引导性、激励性、追问性语言能够激发学生的学习热情，而命令性与陈述性语言则不利于学生发挥主动性。② 传统的课堂语言分析先由录音转为文字，再由专业人士手动逐条编码，效率极为低下，仅适用于研究，不适合教师进行自查。借助人工智能技术对师生对话的数量、方向、性质等进行统计，分析教师的提问类型与学生的反馈类型，大大提高了课

---

① 张冠华、余旻婧等：《面向情绪识别的脑电特征研究综述》，载《中国科学：信息科学》2019 年第 9 期，第 1097～1118 页。
② 黄友初：《教师课堂教学行为的四个要素》，载《数学教育学报》2016 年第 1 期，第 72～74 页。

堂对话分析的效率。

3.4.3.2　学习行为分析

课堂教学是由一系列教师行为与学生行为所构成的认知活动。针对学生行为的分析可开展学生的课堂学习状态的判断，如认真听课、侧身交谈、趴下睡觉等，一方面可及时将识别结果反馈给教师，以便教师进行提醒和针对性辅导；另一方面也可结合教师的讲解、板书、巡视等教学行为，获取课堂教学行为的总体特征，帮助教师优化课堂教学活动，调动学生学习的积极性，提高学生的参与度。例如，刘清堂等通过面部识别技术检验师生的人脸数目、轮廓数目等面部特征，以此识别解说、示范、板书、媒体演示、提问、点名和巡视等教师行为，以及发言、思考、笔记、作业等学生行为，并绘制出 S-T 曲线，划分课堂教学模式类型。①

3.4.3.3　情感交互分析

教师向学生传授知识的过程伴随着师生间的情感交互。学生的课堂学习感受与知识掌握情况均会产生外显的面部表情及身体姿态，例如面带专注、轻松、正向的表情，身体坐直抬头听课，反映出学生积极投入的状态。面露迷茫、困惑、负面的表情，身体左右倾斜，视线未集中于黑板或书本，则反映学生的课堂参与感较弱，所学知识存在认知负担，_____分析学生情感特征，从而反馈给教师以便及时调整课堂教学内容与教学方法。阿斯温（Ashwin）等借助卷积神经网络 CNN 结构基于面部表情、手

---

① 刘清堂、何皓怡：《基于人工智能的课堂教学行为分析方法及其应用》，载《中国电化教育》2019 年第 9 期，第 13~21 页。

势和身体姿势的分析，识别专注、中性和疲劳三种学习情感状态。① 教师的情绪把控也是课堂教学能力的一部分，新手教师和熟手教师的课堂情绪会有所差异。归纳卓越教师的情绪表现特点，可以为教师提高课堂教学能力提供参考。

---

① TS, A., & Guddeti, R. M. R. (2020). Automatic Detection of Students' Affective States in Classroom Environment Using Hybrid Convolutional Neural Networks. *Education and information technologies*, 25(2): 1387-1415.

3.5 改革教师评价， 培养数智教师

3.5.1 智能时代教师角色的转变

在数智化教育的背景下，传统的教学方式正在经历深度变革，教师的角色也将从知识的传授者转变为学习设计师、反思探究者和协同促进者。

首先，作为学习设计师，教师的任务不再是单向传递知识，而是通过设计以学生为中心的学习活动，促进学生主动参与知识建构的过程。教师需要根据教学目标和学生特点，利用智能技术和大数据分析结果，设计个性化的学习路径和评估方案，帮助学生实现深度学习。此外，教师还需具备整合多种数字资源的能力，将丰富的在线资源、虚拟实验和互动学习平台等融入教学过程，以激发学生的学习兴趣和创造力。

其次，作为反思探究者，教师不仅需要掌握最新的教育技术和教学方法，还需具备深刻的反思能力，能够在教育实践中不断检视和改进自己的教学策略。反思是教师专业成长的重要途径，探究意识也是终身学习的核心。教师应保持对新知识、新技术的敏锐性，积极探索教育智能化之道，让实践智慧与智能技术完美结合，共同促进教育事业的发展。

最后，随着人工智能和大数据技术的快速发展，人机共教的教育生态逐渐成为现实。在这一生态中，教师从工具使用者转变为协同促进者。这种转变不仅意味着教师需要共同参与教学过程，还要求他们能够有效整合人类智慧与人工智能的优势，促进学生的全面发展。通过与人工智能的协

同工作，教师可以精准识别学生的学习需求，设计个性化的学习路径，并根据实时反馈调整教学策略。这种人机共教的模式，不仅能提升教学的精准度和效率，还能为学生提供更加个性化的学习体验。

3.5.2　智能教育素养的定义与维度

自《关于开展人工智能助推教师队伍建设行动试点工作的通知》首次提出"教师智能教育素养"的概念后，众多学者从不同角度探讨了它的定义，但尚未形成统一的界定。现有的观点主要从两种视角阐释：一种是从素养连续统一的视角，认为智能教育素养既是信息素养、数据素养的延伸，也是教师信息素养在智能时代的升级和拓展，包含人工智能素养和教师专业素养两方面特性。另一种是从教师综合素质发展的视角理解智能教育素养，将智能教育素养界定为教师可以胜任人工智能时代教育教学实践，集知识、能力、态度及伦理于一体的综合素质。因此，可以将教师智能教育素养理解为教师胜任智能时代教育教学工作所应具备的知识、能力、态度的集合体，包括了解 AI 基本知识、有效开展 AI 教学实践等内容。①

基于上述定义，把教师智能教育素养的主要维度划分为数智教育意识、数智教育能力、数智教育手段以及数智育人引领四个一级指标，在每个一级指标下又设定若干个二级指标(见表6)。

---

① 高宇、于颖：《中小学教师智能教育素养模型的构建研究》，载《现代教育科学》2023 年第 4 期，第 54~60、74 页。

表 6 教师智能教育素养评价指标

一级指标	二级指标
数智教育意识	能够具有数据化、智能化、联网化等数智意识，并在教学设计中进行相应技术场景的应用
	能够自觉学习数智教学手段和技术，不断充实教学工具箱
	能够较准确地把握当前数智教学发展前沿动态，并正确认识自身能力的短板和长处
	能够具有开展数智教学的持久力和驱动力
数智教育能力	能够具有数智教学场景适应能力
	能够具有数智教学资源开发能力
	能够具有数智环境教研能力
数智教育手段	能够熟练运用已有的数智设备进行教学
	能够根据不同的数智教学硬件或软件及时调整教学计划和方案
	能够参与简单的数智设备和技术的开发
	能够对现有的数智渠道进行熟练教学转化
数智育人引领	能够运用数智手段进行课程思政
	能够运用数智手段与学生沟通

3.5.2.1 数智教育意识维度

数智教育意识是指教师对数智技术，尤其是人工智能技术在教育中的应用的认知和态度。这一维度的评价主要考察教师是否具备积极应用数智技术的意识，以及在教学过程中能否主动学习和更新自己的 AI 技术和数智教学工具箱。

能够具有数据化、智能化、联网化等数智意识，并在教学设计中进行相应技术场景的应用。教师需要具备对数据化、智能化及联网技术的基本理解，并能在教学设计中应用这些技术。AI-TPACK 模型中的 AI 知识（AIK）和技术知识（TK）在此起到关键作用，要求教师能够识别并应用先进技术来丰富教学内容和方法。

能够自觉学习数智教学手段和技术，不断充实教学工具箱。教师需展现出主动学习和掌握数智教学手段的动力，并持续更新和丰富其教学工具箱。这反映了教师在 TK 层面的成长，同时与 AIK 紧密相关，确保教师能够有效应对不断发展的教育技术环境。

能够较准确地把握当前数智教学发展的前沿动态，并正确认识自身能力的短板和长处。此指标强调教师对数智教学发展的前沿动态的把握能力，以及对自身技术能力的反思。这与 AI-TPACK 中的 AIK 结合，使教师能够有效评估和提升自身能力，保持教学实践的前沿性。

能够具有开展数智教学的持久力和驱动力。教师需要在教学中具备探索和应用新方法的能力，特别是在数智技术支持下的教学创新。这一指标强调了教师在 AIK、TK 和教学知识（PK）上的整合能力，推动技术与教学方法的融合，开拓新的教学途径。

3.5.2.2　数智教育能力维度

数智教育能力是衡量教师将 AI 技术与教学方法、学科内容有效整合的能力。该维度侧重于教师如何在实际教学中运用数智技术来增强教学效果。

能够具有数智教学资源适应能力。教师需要展示出适应和应用数智教学资源的能力，确保这些资源与教学内容及目标保持一致。这与 AI-TPACK 模型中的 AIK 和内容知识（CK）相关，要求教师能够合理选用和应用数智资源以实现教学目标。

能够具有数智教学资源开发能力。教师应具备开发并灵活使用数智教学资源的能力，尤其是在 AI 技术支持下的资源开发与应用。该指标涉及 AIK 和 TK，教师通过开发和应用创新资源来加强教学实践。

能够具有数智环境教研能力。教师能够熟练应用 AI、大数据分析工具及其他数智技术手段，收集、处理并分析教研数据，从中提炼出具有实用价值的教学研究结论。例如，教师能够利用 AI 技术分析课堂教学中的互动数据，发现教学中的问题和改进机会，从而提出基于数据的教学改进建议。

3.5.2.3　数智教育手段维度

数智教育手段是指教师在教学实践中对 AI 技术工具的选择、操作和应用能力。该维度关注教师是否能够根据教学需求，合理使用 AI 驱动的数智工具以增强教学效果。

能够熟练运用已有的数智设备进行教学。教师需展示出熟练操作日常数智设备的能力，从而有效实施教学活动。这一指标考察了 AI-TPACK 中的 AIK 和 TK，要求教师在日常教学中能够灵活运用数智设备。

能够根据不同的数智教学硬件或软件及时调整教学计划和方案。此指标关注教师在不同教学硬件或软件的使用过程中，能否及时调整和优化教学计划和方案。教师需具备在技术应用中的灵活应变能力，确保教学目标的达成。这与 AI-TPACK 模型中的 TK 和 PK 相关，要求教师根据不同技术条件适时调整教学策略。

能够参与简单的数智设备和技术的开发。教师应具备一定的技术开发能力，能够参与简单的数智教学工具或资源的开发，尤其是在 AI 技术支持下的工具开发。这不仅要求教师具备使用技术的能力，还需要具备创新意识和开发能力，以满足教学需求。

能够对现有的数智渠道进行熟练教学转化。此指标强调教师通过数智技术进行课堂教学的优化与转化，推动课堂教学从传统模式向数智化模式的转变。这与 AI-TPACK 中的 AIK 和 PK 紧密结合，要求教师在教学实践中充分利用数智技术，改进教学方法，提高教学效果。

3.5.2.4 数智育人引领维度

数智育人引领是指教师利用 AI 技术引导学生的全面发展，特别是在数智化教育环境中，教师通过 AI 技术手段促进学生的学习和成长。

能够运用数智手段进行课程思政。教师通过人工智能、大数据等数智技术，将思政教育内容有机融入专业课程，设计多维互动的教学活动，利用数据评估思政教育效果，并通过可视化手段推广思政元素，增强课程思政的教育效果和影响力。

能够运用数智手段与学生沟通。教师利用数智技术与学生进行实时在线沟通，设计多样化的互动形式，监控和分析沟通数据以优化策略，并关注学生的情感状况和心理健康，确保学生在学习过程中的全面发展。

3.5.3 教师评价的数据与方法

3.5.3.1 教学过程数据

教学过程数据是教师数智素养评价中的核心数据来源之一，主要涵盖教师在教学各环节中的操作数据和行为数据。这些数据能够反映教师在数智化教学环境中的实际操作水平与教学效果，成为评估教师技术运用能力的重要依据。具体来说，教学过程数据包括教师在课程准备、课堂教学、课后反馈等各个教学环节中的详细记录。例如，在课程准备阶段，教师在学习管理系统(LMS)中设计课程内容、上传教学资源、设置教学目标的情况；在课堂教学中，教师通过智能设备(如智能白板、在线投票系统等)进行授课，使用虚拟现实(VR)、增强现实(AR)等技术增强教学效果，以及在课堂中利用数据分析工具实时监控学生的学习进度与参与度。这些数据能够全面反映教师在数智教学中的操作熟练程度和创新应用能力。此外，教学过程数据还能体现教师在应对突发状况时的反应速度和应变能力。例如，教师在发现课堂上某一教学工具出现问题时，如何及时调整教学计划或切换备用方案，这些应变行为都会被系统记录下来并加以分析。

教学过程数据的收集主要依靠自动化系统完成，确保数据的全面性和实时性。例如，学习管理系统(LMS)能够自动记录教师的课程设计操作、资源上传与修改记录、学生成绩录入与反馈情况。智能教学设备的使用数据，如智能白板的笔迹记录、操作次数、互动内容等，也会自动保存。此外，课堂教学过程中，教师通过 AI 助手进行的教学调整、互动环节的设计与实施，所有这些数据都可以通过集成的教育信息化平台自动采集，并被系统化地存储和整理，形成教师教学行为的全面画像。

3.5.3.2　学生学习数据

学生学习数据是反映教师数智素养效果的重要参考依据之一，主要包括学生在课堂内外的学习行为、学习成果、参与互动等方面。具体数据来源包括在线测验成绩、作业提交记录、课堂参与情况(如讨论次数、回答问题的频率等)，以及使用数智化学习工具(如在线实验平台、模拟仿真软件等)的情况。通过对这些数据的深入分析，可以评估教师如何利用数智技术来激发学生的学习兴趣、提升学习效果，并引导学生进行自主学习与深度学习。例如，学生的在线测验成绩和课堂参与情况可以帮助判断教师的教学设计是否有效，以及教师在课堂中使用的数智技术是否能够真正帮助学生理解和掌握知识。此外，通过分析学生使用学习工具的行为数据，如他们在虚拟实验中的操作记录、在线讨论的活跃度等，可以进一步了解教师提供的学习资源和技术支持的适用性。

学生学习数据的收集依赖于多种数智技术平台的支持，确保数据的广泛性与准确性。在线测验系统会自动记录并整理学生的测试成绩，作业平台则会详细记录学生的作业提交时间、次数以及修改记录。学习管理系统能够汇总学生在课堂上的互动行为，如回答问题、参与讨论等，并通过数据分析工具进一步分析这些行为数据。此外，数智化学习工具的使用数据也会被系统记录下来，如虚拟实验平台会记录学生的操作步骤、实验结果与反馈信息，帮助教师更好地了解学生的学习状态。

3.5.3.3 教师自评与同行互评数据

教师自评与同行互评数据包括教师对其在数智教学工具使用、课程设计与实施、课堂管理等方面的自我评价与反思，是从教师自身和同行角度对教师数智素养进行评价的重要数据来源。通过定期的自评，教师能够识别出自身在数智教学中的优势与不足，明确未来的改进方向。例如，教师可以通过自我评价，反思自己在课堂上使用某一数智工具时的得失，评估是否需要进一步学习或改进该工具的使用方法。同行互评数据则来自其他教师或教育专家对该教师的教学行为、教学效果的观察与评价。这种评价通常通过课堂观察、教学观摩、教学研讨等形式进行。同行的反馈往往能够提供教师在教学过程中可能忽视的细节问题，如学生的课堂反应、教学方法的适切性等。同行互评不仅帮助教师认识到自身在数智教学中的不足，还为其提供了改进的具体建议。

教师自评数据通常通过定期的问卷调查、教学反思日志或自评报告等方式收集。这些数据可采用定性分析与定量分析相结合的方式，既反映教师对自身教学的主观感受，又能够通过量表评分等方式进行量化处理。同行互评数据的收集则主要依赖于课堂观察、教学观摩记录、教学评估报告等途径。这些数据可以通过集体教学研讨会、专家评价或同伴反馈等形式获取，在整理和分析后，为教师提供具体、可行的改进建议。

3.6 改革教育管理， 提供智能服务

人工智能在各行各业发挥着它的助人功能。Lijia Chen 等总结了人工智能在教育管理中的作用，主要包括：更快地执行占用教师大量时间的管理任务，如考试评分；识别每个学生的学习风格和偏好，帮助他们建立个性化的学习计划；协助教师进行决策和从事数据驱动的工作；及时、直接地给予学生反馈。①

结合其他文献，人工智能在教育管理中的作用主要有 4 点：聊天机器人在线答疑；预测招生录取与选课；智能评分与学业辅导；支持基于数据的决策。

3.6.1 聊天机器人在线答疑

在教育领域，人工智能的应用始于学生录取。② 许多大学在其网站上发布招生广告，线上回答学生、家长的咨询问题。因此，网站必须尽量对用户友好，这是开发者考虑的主要因素。对用户不太友好的地方主要是大量的问卷和较长的等待时间，这些最大限度地降低了访问者的满意度。与人类一样，人工智能也可以回答问题并提供信息。最典型的是聊天机器人，其定义为"使用文本、语音、图像或口头和视觉的组合来模拟与人类用户对

---

① Chen, L., Chen, P., & Lin, Z. (2020). Artificial Intelligence in Education: A Review. Ieee Access, 8, 75264-75278.

② Ahmad SF, Alam MM, Rahmat MK, Mubarik MS, & Hyder SI. (2022). Academic and Administrative Role of Artificial Intelligence in Education. *Sustainability*. 14 (3): 1101. https://doi.org/10.3390/su14031101.

话的软件程序"。① 聊天机器人基于计算机的信息技术系统与人类交互，在企业和大学的网站中得到广泛应用。

3.6.2 预测招生录取与选课

Chen 和 Do 指出，"准确预测学生的学习成绩对于做出录取决定以及提供更好的教育服务非常重要"。② 例如，Acikkar 和 Akay 根据学生的体能测试成绩、他们在国家选拔和学位考试中的成绩以及毕业平均绩点（GPA），为土耳其的一所体育教育与运动学院挑选了候选生源。他们使用支持向量机（Support Vector Machine，SVM）技术对学生进行分类，并在 2006 年和 2007 年预测录取决定的准确率分别为 97.17% 和 90.51%。③ Andris、Cowen 和 Wittenbach 利用 SVM 来寻找可能有利于美国某些地理区域未来大学生的空间模式。④ Zhu、Marquez 和 Yoo 分析了来自中国 25 个省份的入学数据作为训练数据，使用人工神经网络（ANN）模型预测其他省份的注册率。机器

---

① Argal, A., Gupta, S., Modi, A., Pandey, P., Shim, S., & Choo, C. (2018). Intelligent Travel Chatbot for Predictive Recommendation in Echo Platform. *In 2018 IEEE 8th Annual Computing and Communication Workshop and Conference (CCWC)*. IEEE, 176-183.

② Chen, J. F., & Do, Q. H. (2014). Training Neural Networks to Predict Student Academic Performance: A Comparison of Cuckoo Search and Gravitational Search Algorithms. *International Journal of Computational Intelligence and Applications*, 13(1). https://doi.org/10.1142/s1469026814500059.

③ Acikkar, M., & Akay, M. F. (2009). Support Vector Machines for Predicting the Admission Decision of A Candidate to the School of Physical Education and Sports at Cukurova University. *Expert Systems with Applications*, 36 (2/3): 7228-7233. https://doi.org/10.1016/j.eswa.2008.09.007.

④ Andris, C., Cowen, D., & Wittenbach, J. (2013). Support Vector Machine for Spatial Variation. *Transactions in GIS*, 17(1): 41-61. https://doi.org/10.1111/j.1467-9671.2012.01354.x.

学习方法和人工神经网络也被用来预测学生的选课行为，以支持课程规划。① Kardan、Sadeghi、Ghidary 和 Sani 调查了影响学生课程选择的因素，如课程和讲师特征、工作量、授课方式和考试时间，已开发一个模型，在计算机工程和信息技术两门硕士课程中使用 ANN 预测课程选择。② 在同一作者团队的另一篇论文中，提出了一种用于课程设置的决策支持系统。③ 总体而言，研究表明，人工智能可以高精度地预测录取率，从而减轻行政人员的负担，使他们能够专注于更复杂的工作。④

3.6.3 智能评分与学业辅导

人工智能可以在教育过程中执行多种管理任务，如学生作业和论文审查、评分以及向学生提供反馈等。⑤ Rus 等人认为，人工智能在教育，特别是在远程教育和在线教育中的应用，提高了机构和行政服务的效率。例如，

---

① Zhu, W., Marquez, A., & Yoo, J. (2015). Engineering Economics Jeopardy! Mobile App for University Students. *Engineering Economist*, 60(4)：291-306. https://doi.org/10.1080/0013791X.2015.1067343.

② Kardan, A. A., Sadeghi, H., Ghidary, S. S., & Sani, M. R. F. (2013). Prediction of Student Course Selection in Online Higher Education Institutes Using Neural Network. *Computers and Education*, 65：1-11. https://doi.org/10.1016/j.compedu.2013.01.015.

③ Kardan, A. A., & Sadeghi, H. (2013). A Decision Support System for Course Offering in Online Higher Education Institutes. *International Journal of Computational Intelligence Systems*, 6(5)：928-942. https://doi.org/10.1080/18756891.2013.808428.

④ Zawacki-Richter, O., Marín, V. I., & Bond, M. (2019). Systematic Review of Research on Artificial Intelligence Applications in Higher Education-Where are the Educators? *International Journal of Educational Technology in Higher Education*, 16：39. https://doi.org/10.1186/s41239-019-0171-0.

⑤ Chen, L., Chen, P., & Lin, Z. (2020). Artificial Intelligence in Education：A Review. *Ieee Access*, 8：75264-75278.

智能辅导系统能执行广泛的功能，包括评分和为学生提供作业反馈[1]。教师利用智能辅导系统，提高了各种行政任务的效率，可以专注于他们的核心职责——提供指导和教学，帮助学生在学习中取得优异成绩。Mikropoulos 和 Natsis 的发现也支持了上述结论：在教育中利用人工智能提高了执行行政任务的有效性和效率，例如给学生的作业评分[2]。像 Turnitin 这类程序可以对学生的作业进行建议性评分和检查抄袭行为。人工智能大大减少了教师的行政工作，提高了工作效率，让他们能在教育教学中投入更多精力。

3.6.4　支持基于数据的决策

凭借不断增长的计算能力和实时数据，高度可扩展的人工智能可以支持领导者基于数据的决策（Data-Informed Decision Making，DIDM），提高决策的效率和准确性。随着各级教育问责制的加强，学校充斥着大量数据。但这些数据很难被教育工作者所使用，他们生活在数据丰富但信息贫乏的悖论中。这些数据需要被转化为可操作的信息，而人工智能足以应对这一挑战。人工智能通过改善数据特征（如增强数据访问和可用性）来帮助领导者进行基于数据的决策。[3] 例如，人工智能可以提供除数字（如考试成绩）之外的数据，包括文本、图像、视频、音频、社交媒体标签、帖子、评论、

---

[1]　Rus, V., D'Mello, S., Hu, X., & Graesser, A. (2013). Recent Advances in Conversational Intelligent Tutoring Systems. *AI Magazine*, 34(3), 42-54. https://doi.org/10.1609/aimag.v34i3.2485.

[2]　Mikropoulos, T. A., & Natsis, A. (2011). Educational Virtual Environments: A Ten-year Review of Empirical Research (1999-2009). *Computers & education*, 56(3): 769-780. https://doi.org/10.1016/j.compedu.2010.10.020.

[3]　Wang, Y. (2021). When Artificial Intelligence Meets Educational Leaders' Data-informed Decision-making: A Cautionary Tale. *Studies in Educational Evaluation*, 69, 100872.

点赞和转发等。人工智能可以在瞬时处理大量数据，并产生可指导教育领导者行动的信息。除了改善数据形式外，人工智能还可以改进个人和团队特征，如知识、技能、态度以及个人和团队层面的数据协作。在不断增长的海量数据中，人工智能可以有效地筛选数据，打破数据孤岛，并及时为领导者的决策生成建议。人工智能支持的基于数据的决策常用于以下应用场景：

第一，及时识别学生辍学的风险。在美国，研究人员基于北卡罗来纳州公共教育部的纵向学生数据，应用机器学习技术纳入从 3 年级到 8 年级的 74 项预测指标，包括学业成绩、行为指标以及社会经济和人口统计特征，以识别有辍学风险的学生，并提供相应的干预。[1]

第二，优化教师招聘流程。人工智能可以在入职前预测教师的匹配度和潜在流动性。[2] 传统的招聘流程包括用人单位组成一个招聘小组，仔细阅读应聘者的简历、证书和推荐信，甚至对应聘者进行人格测试，并将其结果考虑在内。为了从多名应聘者中选拔出佼佼者，研究人员已经开发出一种筛选工具，可以根据教师简历、教师评价等来判断应聘者是否适合这一岗位。[3] 考虑到招聘过程花费不菲，人工智能可帮助教育管理者更经济、更高效、更准确地做出教师招聘决策。

第三，全面评价教师。人工智能可以帮助我们摆脱使用学生标准化考

[1] Sorensen, L. C. (2019). Big Data in Educational Administration: An Application for Predicting School Dropout Risk. *Educational Administration Quarterly*, 55(3): 404-446.

[2] Will, M. (2019). Taking the Guesswork out of Teacher Hiring. *Education Week*, 20(5): 25-27. https://www.edweek.org/ew/articles/2019/03/13/taking-the-guessworkout-of-teacher-hiring.html.

[3] Jacob, B., Rockoff, J., Taylor, E. S., Lindy, B., & Rosen, R. (2019). Improving Selection of Job Applicants: Harnessing Resume, Interview, and Recommender Signals for K12 Teaching. Paper presented at the annual meeting of American Economic Association. Atlanta, GA. Retrieved from https://www.aeaweb.org/conference/2019/preliminary/624.

试成绩来评价教师的过度依赖。标准化测试分数被诟病为对学生学习和教师工作的狭隘的衡量方法。例如，纽约州用一段时间内的学生标准化考试成绩计算教师效能的增值指标，这种增值指标占教师的综合评价分数的50%。但是，如果增值指标与同时收集的数据（例如课堂观察数据）相矛盾，则以增值指标为准。然而，已达成共识的是，标准化考试分数和增值评价不能准确地评价教师的工作效率。① 人工智能可以基于各种来源数据对教师进行全面的评估，比如通过教师在课堂上给学生的评价和学生的回答来判断教师的课程能力和学生对课程的掌握程度。此外，AI 可以分析多重课堂观察数据和多个课堂场景来提高课堂观察的可靠性，添加多个数据源为创新、可靠的教学评估技术打开了大门。用于衡量多个时间点的教学的数据越多，为教育决策描绘的教师效率画像就越准确。更重要的是，随着人工智能为学生提供适应学习需求的个性化学习，教师的工作会被重塑。教师将更专注于辅导、激励，以及培养学生的社交能力、跨文化能力和协作解决问题的能力等工作内容上。②③

第四，保持教师队伍的稳定性。与数智化教师评价相一致，人工智能还可以帮助学校留住教师。例如，一个由人工智能驱动的管理系统可以预测哪些员工是最优秀的，哪些员工可能在不久的将来辞职。人工智能算法能根据教师的纵向数据生成建议，例如增加培训或予以晋升，以留住教师。④ 值得注意的是，管理人员不能直接给人工智能生成的建议"盖章"。因为 AI 可以

---

① Close, K., Amrein-Beardsley, A., & Collins, C. (2019). Mapping America's Teacher Evaluation Plans under ESSA. *Phi Delta Kappan*, 101(2): 22-26.

② Davis, M. R. (2019). Q&A: The Promise and Pitfalls of Artificial Intelligence and Personalized Learning. *Education Week*, 39(12): 30-31.

③ Lee, K. (2018). AI superpowers: China, Silicon Valley, and the New World Order. NY, New York: Houghton Mifflin Harcourt.

④ Fisher, A. (2019). An Algorithm May Decide Your Next Pay Raise. Fortune. Retrieved from https://fortune.com/2019/07/14/artificial-intelligence-workplace-ibm-annualreview/.

高效地分析海量数据，但需要人类为其添加上下文。为了将数据和结果置于现实情境中，管理人员需要与教师和团队成员建立密切的关系，倾听他们的目标和梦想，了解他们的动机。在此过程中，管理人员的角色将转变为教练、星探、啦啦队长和服务员等。受益于人工智能的效率，管理人员可以更专注于辅导教师，而不是对他们进行评级。大多数时候，管理人员愿意深入了解一位教师，就为该教师提供了一种个性化的、令人信服的激励，使其愿意留任。

3.7 改革数据管理， 保障数据安全

从评价数据采集到数据分析，再到评价结果的运用，都可能产生不可预测的风险，大数据时代教育评价亦面临一定的数据隐忧。因此，需提前改革数据管理，防范各类数据风险，确保数智化教育评价改革的顺利进行。

3.7.1 数智化教育评价的数据风险

3.7.1.1 数据泄露危及隐私安全①

大数据时代教育评价所存在的数据伦理问题，首先表现为数据收集时对个体隐私的侵犯。在进行教育评价时，需要对评价对象进行全方位、全过程的数据采集，大量评价数据极有可能触及评价对象的个人敏感信息，加之相关主体对数据隐私保护的不足，评价数据存在泄露风险。其次，海量评价数据的价值主要来自二次利用，但在实际评价过程中存在数据滥用问题。一旦将事物数据化便可以改变其用途，可能会被未经授权的机构重新利用，使得评价对象隐私被侵害的风险不断加剧。最后，尽管在人工智能背景下评价数据采集手段日趋多样，但由于多样性、动态化等情境的制约，数据的完整性难以保证，尤其是当多个数据集同时使用时，这些错误

---

① 伍远岳、武艺菲：《大数据时代的教育评价：特征、风险与破解之道》，载《中国考试》2023 年第 10 期，第 9~16 页。

和差距也会被放大。① 在此情况下，可能形成对评价对象的认知偏差，所带来的身份固化在一定程度上加重教育评价的不平等。大数据采集所具有的倾向性也可能会损害评价对象的正当权益。由于我国地域广阔、民族众多，受不同文化的影响，我国的教育存在很大的区域差异、民族差别，评价数据采集中的偏向性可能会导致算法歧视风险，数据叠加算法容易造成对评价对象的偏见与歧视，从而产生新的教育不公平。②

3.7.1.2 数据依赖导致主体困境

大数据时代，海量数据支撑下个体的自主性与选择性似乎得以提升，但实际上人的主体地位遭遇到自己创造的技术的挑战。③ 个体所具有的认识主体地位意味着我们无法将评价对象视为可以被规训与塑造的客体，但在大数据驱动下个体却极易陷入数据依从的困境。首先，教育评价中的数据取向促使人们越来越相信，只有通过大数据才能探寻评价对象成长发展的规律，个体对数据的依赖与日俱增，自我的批判性思考与判断力被迫让位于丰富的数据，陷入对数据的绝对依赖。其次，大数据支撑下教育评价的主体规训还表现为将人存在的多样性和差异性抽象为统一的数据，正如将学生的认知活动、情绪体验以及教师的教学智慧因素用无生命的数据进行简单化理解，导致个体在教育评价大数据所建构的数字世界中日益感到价值迷失与意义失落。最后，大数据时代的数据权力成为支配他人的隐形

① Boyd，D.，& Crawford，K.（2012）. Critical Questions for Big Data：Provocations for A Cultural，Technological，and Scholarly Phenomenon. *Information*，*Communication & Society*，15（5）：662-679. https://doi.org/10.1080/1369118X.2012.678878.

② 罗江华、王琳、刘璐：《人工智能赋能课堂反馈的伦理困境及风险化解》，载《现代远程教育研究》2022 年第 2 期，第 29~36 页。

③ 靖东阁：《后人类时代教育研究的主体性重塑、风险及其规避》，载《电化教育研究》2022 年第 6 期，第 11~17 页。

力量。算法权力从表象上看是一种技术权力，但其背后隐藏着控制算法设计和研发过程的资本的权力。① 教育评价通过对海量数据进行深度分析从而为评价对象画像，基于技术手段掌握评价对象的个人偏好，在某种程度上可以引导个体的思维和行为选择，个体的自由意志被削减，对评价数据的依赖不断增强。

3.7.1.3 数据使用存在边界迷失

数字思维范式在现代社会中备受推崇，计算主义的核心思想是一切认知都可进行计算。大数据时代教育评价同样受到计算理性的支配，力求在评价过程中让数据说话，寻求其可确定的部分，从而避免评价中不可预测的危害。但确定性与不确定性是客观世界的固有状态，任何寻求确定性的努力都存在着不确定性。由于认识的不可穷尽性以及个体生命的无限可能性，教育评价活动同样内含复杂性与不确定性，这种不确定性使得评价数据本身以及数据结果的应用边界具有限度。通过大数据以及算法的运行使评价对象的成长发展可预测，努力揭示关于评价对象发展的确定性规律，但大数据叠加算法强行对评价中的偶然性因素进行限定，这本身就是对数据边界的一种忽视。大数据时代下教育评价对数据的应用不应迷失其内在的边界，乃至忽略了对美好教育的向往与追寻。

3.7.2 数智化教育评价的数据管理

教育评价是基于事实与价值的实践性活动，价值判断是教育评价的本质特征，而合理的价值判断需要以科学的教育价值观为基础。在大数据时

---

① 陈鹏：《算法的权力：应用与规制》，载《浙江社会科学》2019 年第 4 期，第 52~58 页。

代，要充分实现数据的教育价值，基于人的发展立场，从四个方面对教育评价的数据进行管理。

3.7.2.1 建立伦理框架

教育是充满人文关怀、促进人类发展的事业，大数据时代的教育评价应坚守立场，把助人、育人作为评价的首要目标。因此，要有一个明确的教育人工智能理论框架。爱泼斯坦（Epstein）与艾肯（Aiken）于2000年提出了第一个教育人工智能伦理框架，如表7所示。

表7　爱泼斯坦与艾肯的人工智能伦理框架

元原则	人的发展维度	指南
教育人工智能技术不应该在人类的任何基本维度上削弱学生的发展 教育人工智能技术应该至少在人类的一个基本维度上加强学生的发展	道德	系统设计应该鼓励而非挫败用户
	社会	鼓励合作学习并建立健康的人际关系
	心理	支持学生积极人格特质的发展
		建构促进兴趣与好奇心并鼓励学生学习和探索的环境
	身体	功能符合人体工程学以避免伤害
	智力	避免信息过载
		适应多样性并承认学生的个性化学习方式与技能水平
		避免因计算机系统的使用而削弱学生学习和成长的潜力
	审美	尊重文化价值观的差异

爱泼斯坦与艾肯的伦理框架内容针对性强，直接回应了当时教育领域

关切的学生健康、教师角色、主体创造性等伦理问题，但存在维度宽泛、维度选择具有时代局限性、指南未涵盖全部维度等问题。弗杰尔德（Fjeld）等人统计了 2020 年之前发布的 36 份高影响力人工智能伦理框架，发现公平与非歧视、透明度与可解释性、隐私、职业责任、问责制、安全、福祉、人类对技术的控制是各伦理框架的共识性原则。而这八项伦理原则或其变体同样体现在这一时期提出的如联合国教科文组织《北京共识——人工智能与教育》、澳大利亚政府教育和培训部《简读：人工智能与学校教育》、白金汉大学教育人工智能伦理研究所《人工智能教育伦理框架》等教育人工智能伦理框架中（见表 8）。[1]

表 8　教育人工智能伦理框架比较

人工智能伦理理论	具体伦理
《北京共识——人工智能与教育》	透明、平等、隐私、包容、安全、跨界合作、以人为本
《简读：人工智能与学校教育》	透明性、公平性、问责、可解释性、意识
《人工智能教育伦理框架》	透明度、公平、隐私、问责制、伦理设计、评估形式、知情参与、管理与工作量、自治、实现教育目的

3.7.2.2　依法建设制度

在人工智能伦理的框架内，以法律法规为准绳建立教育评价的管理制

---

① 白钧溢：《国际教育人工智能伦理框架研究的回顾与镜鉴》，载《清华大学教育研究》2024 年第 2 期，第 50~59 页。

度，对数据进行监管，为管理者提供行为规范。放眼世界，中国、美国、欧盟等 AI 技术发展先进国家与地区都通过立法加强对 AI 的应用监管。[①]例如，我国近年来积极推动《个人信息保护法》《数据安全法》的有效实施，逐步制定对 AI 技术滥用与欺诈的处罚细则；美国强调监管的科学性和灵活性，致力于确保和增强美国在该领域的领先地位；继《通用数据保护条例》（GDPR）颁布之后，欧盟出台了全球首份综合性人工智能法案，旨在构建严密的 AI 监管体系。[②]

在教育领域，教育部办公厅印发了《教育部机关及直属事业单位教育数据管理办法》（简称《教育部办法》），各大学应参照《教育部办法》中"各负其责"的教育数据安全原则，在此基础上进行相应的权、责、利的界分，确立谁使用数据，谁承担责任的制度。传统的由数据所有者进行安全保护的模式已然无法适应智能时代大数据安全的需求。数据使用者最清楚教育数据的使用价值，且数据具有反复使用的可能，数据使用者因而成为数据的最大受益者，所以需要改变数据安全主要由数据所有者负责的局面，数据使用者也应履行相应安全保障义务。[③]

除了"各负其责""知情同意"等制度，还应建立学生"可更正"的制度，允许学生在符合伦理、理由充分的情况下更正数智评价的偏颇之处。首先，评价者要用发展的眼光看待个体。教育评价中所获取的大数据只提供评价的参考，并不代表评价对象发展的全部。评价者要认识到评价对象并不是一串冷冰冰的数字，而是具有独特个性与丰富情感的人，而人的发展轨迹

---

① 吴永和、郭胜男、许秋璇等：《面向未成年人的人工智能技术规范研究：学理阐析与探研进路——面向未成年人的人工智能技术规范研究（一）》，载《电化教育研究》2023 年第 5 期，第 5~12 页。

② 金玲：《全球首部人工智能立法：创新和规范之间的艰难平衡》，载《人民论坛》2022 年第 4 期，第 44~47 页。

③ 苟学珍：《智能时代教育数据安全的伦理规约简论》，载《电化教育研究》2021 年第 9 期，第 35~40 页。

是曲折的，不是一条永远上升的直线。当个体的成长受到过去数据的约束从而遭受偏见和歧视时，需要评价者以教育者的眼光来审视大数据对个体发展带来的负面影响，营造更具包容性的评价氛围，使评价对象在评价过程中能够获得积极的情绪体验，保持自信和乐观。其次，评价者需要意识到个体发展中的差异性，设置灵活、富有弹性的评价标准，判断何种数据可以进入教育评价视野，充分关注到评价对象个体差异和其自身发展需要与内在潜能，减少对部分群体的偏见与歧视。

3.7.2.3 实施过程监督

《人工智能应用准则》中提到"人的监督"，强调 AI 不应该超过人的自主性，人类应该监督 AI 技术的发展及所做决策，并在必要时进行干预。[①]大学要做好 AI 应用监管就必须回应"是何""为何""如何"的问题。在监管内容方面：第一，需要通过管控保证提供给学生合乎规范的 AI 产品，保证学生的健康和信息安全，在知识获取和资源学习的过程中不会受到威胁；第二，采用数据驱动的方式监管学生使用 AI 产品的情况，通过监控应用数据的采集、分析过程以及决策结果，以了解学生使用 AI 产品过程中的认知、情感情况，确定 AI 技术是否会对学生的日常行为和心理健康产生影响，以及应该采用什么样的干预措施；第三，基于数据分析的决策结果，监管 AI 产品的设计和开发过程，确保 AI 产品是学生需要的产品。在监管方法与社会实践方面：首先，要构建面向学生的 AI 应用监管的信息模型，完善监管方案，统一监管流程；其次，开发具有一定技术规范的 AI 应用监管工具，有效进行监管数据的收集、归约、存储、分析和可视化，以数据不断优化智能化监管手段；最后，在明确监管内容和方法的基础上，结合

---

① 旷视：《人工智能应用准则》，载百家号：https://baijiahao.baidu.com/s? id = 1639361752623817286&wfr = spider &for = pc，最后访问日期：2023 年 5 月 31 日。

社会实验方法和系统仿真法，在实践中验证监管内容的合理性和监管方法的有效性。

3.7.2.4 加强道德教育

法律法规、制度约束都是对数据使用者的外在约束，要提高大学整体的数字安全，还需要将数智社会的伦理道德内化为所有相关人员(管理者、教师和学生)的信念并形成相应的行为习惯。在我国，有的大学已经认识到数智科技引发的伦理问题的特殊性，开设了专门的伦理课程，研究和讨论新兴科技引发的伦理问题。例如，中国科学技术大学开设人工智能伦理课程，通过建立虚拟仿真教研室来开展教学；浙江大学开设面向数字中国的数据伦理；上海交通大学闵行校区推出人工智能思维与伦理，讲师团共有4人，其中3人是人工智能科学家，另外1人是法学家；复旦大学在中国慕课网上推出人工智能、语言与伦理课程，讨论"儒家机器人"等涉及价值与伦理的问题等。这些课程的开设丰富了科技伦理教育的内容，拓展了科技伦理研究领域，推动师生反思人与技术的关系。对于管理者和教师，则应进行相关主题的培训。

教育评价过程不仅仅是数据采集与分析的过程，更是进行价值判断的过程。大数据叠加算法无法取代能够表征人类主体性的专业判断能力，数智化教育评价必须坚持教育价值导向，以立德树人为终极目标。

结　　语

　　技术的浪潮应接不暇，时代的巨变不期而至，数智技术的快速迭代使智慧教育赫然耸立在大学面前。面对时代的浪潮席卷而来，该如何避免迷失在智能技术的耀眼光芒与强大引力之中？武汉大学，这所百年学府，以其深邃的学术底蕴和前瞻的教育视野，不仅关注当前的教育需求，也着眼于未来的发展，全面布局数智教育，制定了《武汉大学数智教育评价指南》（以下简称《指南》）。《指南》坚持以人为本、立德树人的教育评价理念，主张依托智能技术和数字平台实现以评促教、以评促学的效果，达到"评价促进学生成长、人才质量提升"的目标。《指南》绘制了一幅数智教育的宏伟画卷。这不仅是一份指导实践的手册，更是一份引领未来的宣言。

　　《指南》基于大量中外文献，提供了具体的评价方法，是一本前沿、实用的改革指南，反映了学校对师生未来发展的热切期待，为教学改革和管理决策指明了方向，不论是教师还是学生都能迅速地从本书中找到与自己相关的部分。首先，《指南》为教师提供了一套全面的数智教育和评价工具。这些工具和指标为教师的教学设计和教育评价提供了科学依据，使教师能够更有效地指导学生，帮助学生构建坚实的数智知识体系，提升实践技能，培养创新思维。《指南》不仅能提升教师的数智素养，还能提升其使用数智技术进行教育工作的专业素养。其主要体现在：帮助教师更好地运用大数据、人工智能等技术手段对学生学习的全过程进行持续跟踪和精准评价；使其能够发现教学过程中的问题，了解自身优势和不足，并基于评价结果调整教学计划和教学策略，进而改进教学，提高效率，成为"人工智能+教育素养"的复合体。其次，对学生来讲，《指南》如同一盏指路明灯，照亮了他们在数智教育方面的学习之路。《指南》将学生的创新能力、实践能力、团队协作能力、数智素养等纳入评价体系，综合学生的各种数据为学生提供个性化的报告，描绘出他们学习过程的特点，分析他们的优势与不足，为学生提供个性化的学习建议和职业发展规划，帮助他们更好地实现个人价值。《指南》中提到的数智平台既能够为学生提供丰富的学习资源和实践机会，还鼓励他们积极参与各种项目，通过实际操作来深化理解、提升技能。此外，《指南》中的伦理道德教育，还提示学生不忘社会责任和伦理规范，成为具有全球视野和社会责任感的数智人才。

在数智时代的伟大征程中，学校将以《指南》为导向标，为师生提供全面、立体的学习平台，为师生的教学、科研、学习提供强有力的支持，使广大师生能够在数智时代的浪潮中乘风破浪，实现从传统教育向智慧教育、从适应社会生产力需求到引领新质生产力发展的转变，塑造技术驱动下高校教师的新角色，培育能托起"国之重业"的新质人才。相信《指南》将激励着每一位武大学子，每一位教育工作者，以及每一位对数智教育充满热情的探索者，共同开创数智教育的新篇章，为实现中华民族伟大复兴的中国梦贡献力量。

在国家战略的宏伟蓝图中，数智教育被赋予了推动社会进步和经济发展的重要使命。武汉大学响应时代呼唤，以数字化时代的评价体系为基石，引导着数智教育向纵深发展。面向未来，学校将继续推动数智评价体系的应用与发展，结合数智化方法，开发新型评价工具，更精准、全面地评价学生的数智素养。同时，学校也将开展差异化评价，以满足不同群体的需求，推动全民数智素养的提升。这不仅是对教育公平的追求，也是对社会进步的贡献。随着数智技术的进一步发展，未来的武汉大学的数智教育评价体系将更加精准、灵活，能为培育我国新时代的人才提供更加坚实的基础。